Eurus

Notus

高谷 清
Kiyoshi Takaya

重い障害を生きるということ

Boreas

Zephyrus

岩波新
1335

はじめに

「びわこ学園」は、「学園」としているために「学校」と間違えられることがあるが、「重症心身障害児施設」で、医療機関（病院）でもあり、福祉施設（社会福祉法人）でもあるという、医療と生活の両方の機能を兼ね備えている。二〇〇七年「第一びわこ学園」を「びわこ学園医療福祉センター草津」、「第二びわこ学園」を「びわこ学園医療福祉センター野《や》洲《す》」と改称したのは、そのことを表現するためである。なお法人名は「びわこ学園」である。

びわこ学園では、心身ともに重い障害のある子や成人が生活し、必要な医療と介護を受けている。障害の程度は、身体的には「ねたきり」の人が多く、知能的には「ほとんどなにもわからない」と言ってもよい状態の人も多い。

見学に来られる方は、あまりの障害の重さに息を詰め、言葉なく立ち尽くされていることがある。それは、その人たちの人生で、出会ったことも想像したこともない姿ではないかと思うのである。こころに立ち現れてくる気持ちを自分でもつかめず、その気持ちをどう表現したらよいかわからず、感想や意見を述べることができない様子であるが、それでよいのではないかと思う。この経験が、その人の人生になんらかのかたちで影響があるかもしれないということでよいのだと思う。

過日、外国のグループでの見学があった。その人たちは「かわいそうに」と表現していた。日本人のグループでも、重い心身の障害で生きている姿を「かわいそう」と思い、そのように言葉にする人もあり、別に違和感はなかった。だが、よく聞いてみると、「これだけ重い障害があるのに生かされているのはかわいそうだ」という意味であった。

では、この人たちに医療をおこなわず、生活の介助をせず、死に委《ゆだ》ねるのがよいのかということになる。それは違うであろう。だが、このように根本的には改善の余地がないように思える重い心身の障害のある人が、人生を生きていることがほんとうに幸せなのか、という問いが残る。

本書を執筆しようと思ったのは、多くの方に「重症心身障害」の状態で人生を生き、生活している人たちのことについて知っていただきたいのと、「ほんとうに、生きているのが幸せなのだろうか」という自分自身の問いでもあることに答えたいと思ったことからである。

それは、人が「生きるということ」について、また人の「生きる喜び」、人の「生きがい」などについて考えていくことになる。それは、人間というのはどのような存在なのか、どのような生きものなのかということ、さらに社会の在りようにも広がっていくと思うのである。

目　次

序 章

「抱きしめて BIWAKO」

― 25 万人が手をつないだ日 ―

「いのち」が大事にされるということ

一九八七年一一月八日、日曜日。前日からの雨は明け方にはやみ、風の強い曇った寒い日であった。しかしぜいたくを言ってはおられなかった。この日は日本最大の湖である琵《び》琶《わ》湖《こ》一周約二五〇キロメートルを、二五万人の手でつなぎ、琵琶湖を「抱きしめよう」という「抱きしめてＢＩＷＡＫＯ」の当日であった。

この計画は、重い心身の障害のある子が入園している重症心身障害児施設「第一びわこ学園」(滋賀県大津市)が老朽化し、その新築移転の費用二一億円の調達に苦労しているのを知って、なんとかしようと応援をかってでた人たちが企画したものであった。重い障害のある人たちが生活しているのを知ってもらうことと、実際の費用を集めることを兼ねた「一大イベント」である。

心身に重い障害のある人は、身体障害が重く「ねたきり」の状態であり、知能(精神発達)の障害も重く、自分では何も考えず、何もできないようにみえる。ただ人の世話によって存在しているだけのように思える。
もちろん誰もがもっている「いのち」を生きている。この人たちにあるのは「いのち」だけであると言える。この人たちが大事にされるということは、「いのち」が大事にされるということであり、この人たちが粗末にされるということは、「いのち」が粗末にされるということになる。

集まった人たちは、そのような討議をして計画をたてた。生命を生み出した自然を象徴する「琵琶湖」の周囲で手をつなごう。「ひとのいのち」とそれを生み出した「自然のいのち」に感謝するために、重い心身の障害のある人たちといっしょに「琵琶湖」のまわりをぐるっと手でつなぎ、そして一人一〇〇〇円をもってきてもらって、「第一びわこ学園」の移転費用の一部に、という計画である。

二五万人が手をつなぐ

早朝から琵琶湖周囲の各地域で準備していた実行委員会のメンバーやボランティアの心配を振り払うように徐々に人が湖岸に集まり、一分間手をつなぐ一二時近くになるとみる

途切れることなく琵琶湖一周，手をつないだ

みる湖岸に人が並び、ＫＢＳ京都ラジオ放送による正午の合図とともに、文字通り琵琶湖全周を囲んで手をつなぎあった。当日の参加者は二一万三〇〇〇人、行けないけれど寄付金やメッセージを送ってくれた人が五万一〇〇〇人、合計二六万四〇〇〇人となった。子ども連れの家族の参加も多く、集まった募金は一億一三〇〇万円となった（中学生以下は無料）。

手をつないだ後は、各地で趣向を凝らしたコーラスや楽器演奏の音楽会、マラソン・ジョギング・少年サッカーなどのスポーツ、フォークダンス、ハイキングやサイクリング、大凧《おおだこ》揚げ、ふれあい動物園、かみしばい、しじみ汁・ぶた汁・うどんなどの食べものの店、その他さまざまなイベントをおこなった。結婚式場から花嫁花婿を中心にした参加も三組あり、四〇〇人の「命」の人文字の行進は「近江大橋《おうみ》」を渡り、それぞれが自主的な催しを楽しんだ。

わたし自身は、当時「第一びわこ学園」の園長で、「抱きしめてＢＩＷＡＫＯ」の実行委員ということでもあり、仕事の合間を縫って「実行委員」の名前でいろんな団体に参加の依頼にまわった。多くのところで「そんなことができるはずがない」「車で行ってはいけないと言うが、ここからは数十キロもあるのにどうして行くのか」「金を集めて詐欺《さぎ》をするのでないか」と相手にされない、追い返される状況が続いた。無謀なことをしてはいけないと心配してくれる人もいた。そのなかで印象深かった経験を記したい。

荒れる中学で

当時（一九八〇年代半ば）、荒れている学校が多く、とくに中学校が大きな社会問題になっていた。ある中学校から、「抱きしめてＢＩＷＡＫＯ」について、荒れる学年の生徒に話してほしいという依頼があった。騒動がおきると困るので、話は畳の部屋でおこない周囲を教師と保護者でかためる、スライドは部屋が暗くなると何がおこるかわからないので使わないでほしいということであった。

当日、部屋に入るとものものしい雰囲気を感じた。生徒は畳に座っており、周囲には大人が取り囲むように立っていた。少人数が一番後ろの背もたれのない長いすに脚を組んだりして腰掛けていた。「心身の障害の重い子について」の説明をし、「抱きしめてBIWAKO」の話を始めると、その長椅子の「悪がき」どもがさかんに野次《やじ》をとばしてきた。ときどき相手をしながら、とくに何事もなく講演を終えた。

その後、保健室の先生が伝えてくれたのであるが、講演が終わると、その悪がきどもはすぐに保健室に来て、「おれたち、あれに参加するからな、参加費は一〇〇〇円ということだが、五〇〇円しかないし、一人五〇〇円にまけてくれ」と言ってきた。先生が「中学生は、お金はいらない」と説明し、参加のワッペンを渡すと、悪がきどもは琵琶湖の象徴である「なまず」の絵を描いた青色のワッペンを胸につけて、得意げに校内を走り回っていたということである。

それから二〇年あまりが経った。その学年の卒業二〇周年ということで、元悪がきどもが中心になって同窓会を開き、担任の先生たちを招待し背広を着て丁重に出迎えたということである。

参加した団体

夫と離別した女性たちの「のぞみ会」という団体がある。この会に説明に行ったとき、会員である母親たちは次のように言った。自分たちは日曜日でもなかなか休みが取れないが、その日曜日には母子での遠足を予定している、「抱きしめてＢＩＷＡＫＯ」に参加するのに、行く先を湖岸に変更したい。ついては参加費を自分たちの分は出すが、子どもたちの分までは出せないので、自分たちの後ろに並ばせるから子どもの参加費は免除してほしい。その言葉を聞いて私は胸に熱いものがこみ上げてきた。子どもの参加費は、もともといりません。どうぞいっしょに横に並んでくださいと言うのがやっとであった。

滋賀県の「老人クラブ」に申し入れに行ったとき、幹部の人は「自分たちの会費は年五〇円で、それでは運営ができないので、一〇〇円への値上げを総会で提案しようと思ったが、反対が多くて議題にもできなかった。それを一人一〇〇〇円とはどういうことか」と叱られ、話に乗ってもらえなかった。しかしその後に連絡があり、理事会、総会などに呼

仏教，神道，キリスト教，新興宗教などの宗教者がいっしょに手をつないだ

ばれてあらためて説明をした。「抱きしめてＢＩＷＡＫＯ」の前日、各地の「老人クラブ」支部の人たちによって湖岸の清掃がなされ、当日は各支部から多くの参加があった。

比叡山延暦寺《えんりゃくじ》へは、他の実行委員が説明と参加要請に行き、全山挙げて参加するということで、当日は延暦寺運営の幼稚園児を含め多くの参加があった。他の宗派、神道、キリスト教、新興宗教などといっしょに手を組んでもらった。一分間の手つなぎのあと、山田恵《え》諦《たい》座《ざ》主《す》（九二歳）を中心とする延暦寺の僧侶によって、琵琶湖に向かって「自然といのち」の尊厳に捧げる祈りの儀式が三〇分なされた。その後、わたしは日をあらためてお礼に伺った。山田座主には、「いのちを讃えるすばらしい催しでした。またおこなわれたら参加します」と言っていただいた。

二〇年後（二〇〇八年）、「抱きしめてＢＩＷＡＫＯ」二〇周年行事（モンゴル国立馬頭琴交響楽団の演奏、および当時の関係者によるリレートーク「いのちを生きる」）では、当時教学部長であり、二〇年後長﨟《ちょうろう》になっておられた延暦寺小林隆彰《りゅうしょう》氏に実行委員長になっていただいた。

当日の感想

琵琶湖一周を手でつないだ写真集『11月8日みんなやさしくなった』（草風館、一九八八）に載せるのに、当日参加した多くの人から感想を寄せてもらった。そのいくつかを転載する。

「家からバギーに娘をのせて、おばあちゃんと膳所《ぜぜ》公園まで歩いて行きました。近所の家からも団地からも人が出てきて、膳所公園の方へ行く人でいっぱいになってきました。みんな胸にワッペンをつけているのです。それを見ていると、目頭がジーンとしてきました。ああ、この方もこの方も行ってくれはるのだなとすごくうれしかった。近所の知っている人も見つけました。あまりしゃべったことのない人なのに、この人も障害児のことを考えていてくれるのかと思うと。近所の奥さんがこんなにたくさん行ってくれるのを見て、障害児を抱えて生きていくのにすごく勇気がわいてきました」(障害児の母、三八歳)

「体のふじゆうな人と、はじめてこういうことをした。とっても楽しかった。また、体のふじゆうな人には、やさしくこれからもしてゆく。むこうのはし(橋)の方に人がならんでいたので、とってもきれいだった」(九歳)

「うちの子は自閉症なんですが、電車が大好きで、大きくなったら車掌さんになるって、いつも言っています。それで、「抱きしめてＢＩＷＡＫＯ」号(当日運行した、大阪・京都からの特別仕立ての電車)に乗せてもろうて、車掌さんの制服着せてもろうて、車内放送までさせてもろたんです。本人は大得意で、もう本当によろこんでおりました」(小学生のお母さん)

養護施設の子ども「ボランティア」

「抱きしめてＢＩＷＡＫＯ」のとりくみに直接かかわることではないが、その布石ともなったエピソードを書いておく。

当時「第一びわこ学園」は大津市にあったが、同じ大津市に「湘南《しょうなん》学園」という養護施設がある。そこでは親の死亡や病気などのために、家庭で生活できない子が生活しているのであるが、なかには親に棄《す》てられ大人（人間）への信頼を失わされてしまっている子もいる。その子ら数名に、「びわこ学園」で泊りがけのボランティアをさせてほしいとの依頼が湘南学園施設長からあった。

チエ子は、そんな子のひとりであった。そのチエ子が折り紙でツルを折って、上を向いて「ねたきり」の状態にある重い心身の障害のある男の子の手に渡したとき、筋肉の緊張のために、彼はそのままグチャと握りつぶしてしまった。傍《そば》にいて、それを見ていたその養護施設の職員は恐怖がはしったという。このようなときチエ子は叫び、乱暴する。一瞬の後、チエ子は黙ってもう一つのツルを折りだした。重い障害をもって生きる彼らの前では、人は「ありのまま」の本当の自分になるようだ。

この湘南学園の施設長であった中澤弘幸が「抱きしめてＢＩＷＡＫＯ」を提起し、実行委員長をかってでた。そして見事に成功に導いていったのは、事務総長を引き受けた、当時湖南《こなん》生協の理事長であった細谷卓爾《たくじ》であった。

「抱きしめてＢＩＷＡＫＯ」の主人公であった「心身の重い障害のある人」の障害とはどういう状態なのか、その障害のある人たちはどのように生活しているのか、その人が生きていくのにどのような困難があるのか、そのような重い障害があって生きていくということはどのようなことなのか、そして本人にとってしあわせとは何なのか、さらに人間や社会にとってどのような存在なのか。

何の役にも立たないと思われても不思議ではない、そのような心身の重い障害のある子や大人のために、なぜ人は一〇〇〇円をもって琵琶湖畔まで来て、一分間手をつないだのだろうか。そうしたことを考えながら第１章から叙述していきたいと思う。

第１章
重い障害を生きる

1　はじめて「びわこ学園」を訪れる

すえた臭い

わたしが、はじめて「第一びわこ学園」を訪れたのは一九六六年（昭和四一）、びわこ学園開設から三年目である。わたしはその頃、京都大学の医学部小児科学教室から病院への派遣というかたちで大津赤十字病院の小児科で働いていた。ある日、大学の教授から「第一びわこ学園が医師不足で困っているから、週に一回手伝いに行くように」と指示があった。

大津赤十字病院は、JR京都駅から一〇分の大津駅を降り、そこから一〇分くらい歩くと着く街のなかにある。第一びわこ学園はこの大津赤十字病院のすぐ近くの「長等《ながら》公園」に入り、そこから樹木が繁茂する山に取り付けられた、めったに人に出会わない急な土のままの階段を五分くらい登る長等山の頂上にあった。すぐ近くに園城寺《おんじょうじ》（三井寺《みいでら》）があり観光客が多いのであるが、びわこ学園の周囲には数軒の民家がひっそりとあるだけで、白い壁のびわこ学園の建物とプレハブの園長舎宅、古い木材を使った職員家族宿舎、それに別建ての独身寮が、樹木を切り開いた空間にあった。

重い障害のある子がいる部屋に入ったとき、何ともいえないすえた臭いが鼻をついたことを覚えている。ベッドに「ねたまま」の子もいるし、畳の部屋で横になっている子もいた。異次元の世界が広がっているように感じた。子どもたちは上肢(腕)や下肢(脚)をあらぬ方に向け、硬く突っぱっていた。声はなく、呻《うめ》き声に似たものがあった。

診察を始めると、頸《くび》のすわっていない子もいるし、寝返りのできない子も多いことがわかった。四肢は硬く変形もあった。食事時間になると、看護婦(現・看護師)と保母(現・保育士)、それに指導員(現・生活支援員)と呼ばれる人たちが、抱っこしてスプーンで食事をさせたり、時間がくると洗面したり、おむつを替えたり、抱えるようにして湯船の外から風呂にいれたり、それらが終わると輪になって歌をうたったりしていた。

わたしは、職員から診てほしいといわれる子を診察して、状態が悪ければ検査のために採血したり必要な薬を処方していたはずである。しかしいま思い出すのは、その子らにスプーンで食べさせていたり、うしろから抱えて歩く練習をしていたことである。というのも、職員の数が少なくて保母であれ看護婦であれ、一人の職員が二人か三人の子をまわりに寄せて食事をさせていたので、見かねて手伝ったのだった。

もう一つの世界

わたし自身は、病院の小児科の病棟で脳性まひの子や筋ジストロフィーの子の主治医になったこともあるし、「ねたきり」の状態の子が入院していたことも知っていた。しかし多くのばあい、大学病院であろうと一般病院であろうと、病気の検査をしたり治療をするのが仕事であった。治って退院する子もいるし、白血病などで死亡する子も多かった。特別なばあいを除いて、障害そのことのために長く入院していることはなかった。

しかしびわこ学園では違っていた。びわこ学園は医療法で規定されている病院であるとともに児童福祉法上の施設で社会福祉法人でもあり、そこでは「障害」そのことのために入園していたし、生活そのものがあった。そして、わたしは病院では病気を診ていたが、びわこ学園では子どもを見るようになっていた。おそらくこれからもずっと一生歩くことができない、あるいは周囲のことが何もわからない状態で過ごしていく、このように重い障害で生きていくであろうことに圧倒されていた。

わたしは、びわこ学園で重い心身の障害のある子どもたちに接して、地球の表面を覆っている土壌の裏側に、それまで知らなかったもう一つの世界があり、足を踏み入れたのはその世界であるという実感をもった。こうした世界があることを、わたし自身は考えもしなかったし、世間のほとんどの人は知らないであろう。ただ私たちが知らないだけで、この世界に住んでいる住民と家族は、地上に世界があることを知っていて、そこに住んでいる住民に対して怨嗟《えんさ》の心を宿しているように感じた。

怨嗟の声

二年あまり経って、大津赤十字病院から大学の医学部小児科に戻ることになった。大学病院の外来や病棟で診療を続けてさらに二年経ったころ、仕事を終えての深夜、帰宅途中の車で信号待ちをしているときに、考えごとをしていたという車に激しく追突されるという交通事故に遭い、長期の療養に入った。

二カ月の入院から退院したのであるが、とても診療の仕事に戻れる状態ではなく、体力の回復に努めていた。一年後、体力が回復してきて京都の吉祥院《きっしょういん》病院小児科に非常勤（数年後に常勤）で勤めながら、大津赤十字病院で働いていたときに知りあった滋賀県の障害児の家族や障害児問題にとりくむ施設職員、学校教師、大学教官、福祉関係者、そしてびわこ学園職員などと交流するようになった。一九七〇年頃からである。

その少し前の一九六七年に結成されていた「全国障害者問題研究会（全障研）」にも参加するようになり、いろいろな人たちに会い、障害児関係の研究集会、報告集会にも参加した。そして障害のある人や関係者から、医療に対する怨嗟の声をたくさん聞かされることになった。

「脳性まひのために歩けない子が足の骨折をしたので、整形外科に行ったら、どうせ使いものにならん足だから、痛いめをさせるよりそのままにしておけ、と言われた」

「「もう少し大きくなるまで様子をみよう」となにもしてくれず、大きくなってから行ったら、「もっと小さいときから訓練していたら」と言われた」

「脳性まひと診断が確定しているのに何をしに来た、と言われた」

また施設で働いている人たちの声も貴重であった。

「自分は知的障害児施設の保母であるが、入所している子どもたちに「かぐや姫が月へ帰った」と話をしても、「お日さま」だと言う。夜になると寝かされて月を見たことがない。医師が夜は外へ出さないようにと制限しているためであるが、お月さまを知らない子どもがかわいそうだ」

「自分の施設でも風邪を引くといけないということで外出を制限している、これでは生活の潤《うるお》いがないだけでなく、外に出て身体を鍛えるということがない。医療が子どもたちの健康を守るのでなく、健康増進を妨げていることになる」

「検便をするときに、男の子も女の子もパンツをおろさせて、肛門から直接便を採取している。子どもらは「にんげんどうぶつえんや」と自嘲的に言っている」

こうしたことを多く見聞きし、障害のある人にとっては、医療というのは病気を治したり障害を軽くするために存在するのではなく、本人から生活を奪う存在になっているのではないか、ときには人権を侵害しているとの実感をもった。

「障害焼け跡」論

そのころ「障害焼け跡」論がどこからともなく言われていた。消防車は火事のときに出動するが、完全に焼け落ちて「焼け跡」になってしまっていれば出動しない。つまり医療は火事の最中のような「病気」に対しては出動して病気を治そうとするが、燃え尽きて焼け跡「障害」になれば、医療は出動しない、必要がないというわけである。

これは、医療をごく狭く位置づけているという医療自身の問題であるとともに、「役に立たない」障害者を社会から排除する「しくみ」と「思想」が、このような「理屈」となって医療界にも浸透したと考えられる。わたしは、障害者の医療に対する怨嗟の声を多く聞き、障害者医療にどういう問題があり、どうあらねばならないのかを考えるために研究集会をもつ必要があると考え、全国障害者問題研究会滋賀県支部で「障害者医療合宿学習会」を提案し開催することになった。全国に呼びかけ、予想を超える一七〇名の参加申し込みがあり、急遽《きゅうきょ》宿泊施設を増やし会場を変更することになった。

一九七〇年一二月二六日と二七日におこなった「合宿学習会」では、主催者からの「基調報告」に基づき活発な討議がなされた。参加者は、保育者、教師が多く、医療従事者

（看護師、医師）は少なく、障害児の家族は「びわこ学園」関係者だけであった。この「学習会」で、わたしたちが何をどのように考え、討論してきたかの概略を記したい。

「健康管理」と「健康増進」

医療は、発熱や下痢などの「症状」の「改善」をおこない、その原因である「病気」を「治療」する。しかし本人が生活するのに困っている脳性まひや自閉症などの「障害」について、あるいは障害がある人の「健康増進」「障害の改善」や「成長・発達の問題」については何もなしえていない。実際には医療の専門家でない保育者や教師などによって「障害」の「改善」「軽減」、「健康」などの努力がなされている。その家族や保育者などのとりくみに対して医師が、「外出すると感染症に侵される」「健康を害する」「てんかん発作を誘発する」など「健康管理」の名目で生活を制限し、その結果「健康増進」が妨げられるということがおこっている。

そうした医療の現状に対して、参加者からの多くの怒りを伴った報告がなされた。てんかん発作を抑えるために薬が多用され、本人はいつもぼんやりしている。便秘はひきつけをおこすからと浣腸《かんちょう》を三日に一回というように習慣的におこなっているが、これでは腸の機能を低下させるのではないか、腹部マッサージとか運動が大事なのではないか。

医療は、てんかん発作や便秘などの「症状」をみて、それがおこらないように「治療」しているだけであって、「人間」が不在になっているのではないか。さらに、感染症を防止するということで外出を禁止するなど、さまざまな「管理」が医療の名においてなされているのではないかと、その現状批判も多く出された。

これでは障害のある子がますます虚弱になっていくという、保育者などからの実感による「告発」であった。

一方で、びわこ学園などで具体的にとりくまれている「健康増進」についての報告があった。「健康管理」の名の下に虚弱になっていくことに対する反省から、「健康増進」という目的をもって意識的・計画的にとりくんできた内容で、「日光浴」「水遊び」「散歩」などの軽いとりくみから順序を決めて具体的に進めていった内容の説明、やがてそれが「運動会」へと結実していった報告であった。これらのとりくみは障害のある子どもたちの喜びとなり、子どもたちの生活を豊かにし、主体性を引きだすことになり、身体を鍛えることにもなった。

「健康増進」は本来、医療が目的とすべき人間の健康へのとりくみであり、同時に生活を豊かにし、さらに子どもたちの喜びになるとりくみでもあった。

当時、重い障害のある多くの子どもたちは「就学免除」という制度によって、教育を受けることができなかった。びわこ学園のとりくみは、実は教育のとりくみでもあるという「発見」があり、全国でおこりはじめていた障害のある子の「教育権」を求める運動と結びつきながら発展していくことになった。

医療への「ラブコール」

この集会での討議のまとめは、次の三つのことに要約された。

一つは本人の成長・発達を考慮し、本人の気持ちに配慮した医療、二つめは個々の「患者」としてだけでなく、患者組織、障害児家族会などとして医療に参加することの大切さ、三つめは生活のなかで治療するという観点であった。

わたしは、障害児にかかわっている人びとの医療への怨嗟の声を聞きながら、これは

「恨み節」ではなく、医療への「ラブコール」であると感じてきた。障害児(者)に対する医療の現状を「告発」しながら、障害のある子や成人に対する医療を「希求」している声であった。

二つ目の問題については、医療は医師など医療従事者と患者(障害者・家族)とが向きあって「治療」がなされているが、これでは治す者と治される者の関係だけということになってしまう。そうではなく「病気」あるいは「障害」を対象にして、医療従事者と患者が横に並んで協力しながらとりくんでいくというのが医療のあり方ではないかと強く思った。

主催者の「基調報告」には、創立一年後からのびわこ学園で「心理」を担当してきた加藤直樹の医療に対する問題提起とわたしの経験や意見を中心にして、実行委員会で討議した内容を入れた。この集会で討議してきた内容は、加藤直樹・高谷清編『変革の医療』(鳩の森書房、一九七二)として出版した。

京都の吉祥院病院で非常勤医師として数年間働き、体調が改善してから常勤医となり数年が過ぎて、わたしは四〇歳に近づいていた。自分のライフワークは何なのか、今後の仕事をどうしていくのかを考え、「障害のある人」にかかわる仕事をすることに決めて、「びわこ学園」に就職した。一九七七年四月であった。びわこ学園に週一回非常勤で行きはじめてから一一年が経っていた。

2　子どもたちとの出会い

着任

一九七七年(昭和五二)四月一日、懐かしい山道を登って第一びわこ学園に着いた。常勤医師は小児科の岡崎英彦園長が一人で、ほかに非常勤医師が週に何日か来ているだけであった。そのうえ岡崎園長は、新設された第二びわこ学園の園長も兼ねていた。

当時の入園児は五八名で、約半数が入園している南病棟には身体的に「ねたきり」の状態で、精神発達遅滞(知的障害)も重い子どもたち(いわゆる重症心身障害児)が三室に分かれたベッドに横たわっており、昼間はとくに状態が悪い子のほかは畳敷きのプレイルームに移動して過ごしていた。

北病棟には、這ったり、ねがえりや座位で移動する子もいたし、またこちらの言うことを理解したり、不自由ではあるが言葉をしゃべる子もいた。北病棟にはプレイルームはなく、五〜六名単位で畳やベッドの部屋で寝ていた。

南病棟に一人だけ呼吸状態の悪い成人女性がいたが、その人以外の子どもや青年は障害が重くても、全体として医療的に急を要する状態ではなかった。一〇年前、わたしが大津赤十字病院から手伝いにきていたときに比べて入園児の平均年齢は高くなっていたが、基本的には同じ程度の障害という印象であった。当初の仕事は入園児全体を把握し必要な治療をおこなうこと、そして開店休業状態になっていた外来診療の再開に向けた準備をすることであった。

やがて、大きな病院のＮＩＣＵ（新生児集中治療室）、新生児室、小児科病棟から障害の重い子の入園の依頼が続くことになる。それは、未熟児や呼吸状態などのよくない新生児が治療によってその時期を脱しても、重い障害があるために家庭に戻ることができず、そのまま病院のベッドにいた子どもたちであった。一〇年前には存在しなかった心身の障害がとくに重い子どもたち（その後、「超重症児（超重度障害児）」と言われるようになる。第4章2参照）の姿が見えてきたのであり、重症心身障害児施設側も大きな課題に直面することになっていく。このことは現在に続く課題であるが、まずはわたしがとりくむことになった子どもたちの状態から話を始めたいと思う。

のぶおくんの入園

びわこ学園の常勤医師になって四年近く経った一九八一年二月、重い心身の障害のある三歳一〇カ月の、のぶおくんがびわこ学園に入園してきた。

のぶおくんは生後二カ月のとき、突然泣き出し、頸を前に曲げ両腕を突き上げる発作がおこった。近くの病院で「点頭てんかん（ウエスト症候群）」と診断され、入院し治療を受ける。いったん発作が治まり退院するが、ふたたび発作がおこりだし、八カ月のときからはずっとその病院に入院することになった。発作が続き、何度も呼吸困難とチアノーゼ（酸素不足で顔や体から血色が失われること）がおこり、そのつど酸素吸入をし、もう駄目かもしれないと言われた。長い期間が経って、状態が少し安定したので、びわこ学園に移ってきた。

毎日、診察するためにベッドの傍《かたわ》らに立つ。掛ぶとんをそっとめくりあげる。三歳にしては小さい身体で全身が緊張して棒のようになっている。両腕は肘《ひじ》で屈曲して体幹に引きつけられている。両脚は硬く伸びて交叉している。身体は硬直しているだけでなく、ときには反り返っている。全身の筋肉が緊張している。交叉している脚をはずしてやろうとするが、こわばりが強くてはずれない。これ以上力をいれると骨折するかもしれない。

呼吸は浅く、気道からの分泌物のため、ぜいぜいと苦しそうでせわしげである。額から汗がにじみ出ている。白衣のポケットから聴診器をとり出して診察しようとする前に、こちらの呼吸も息苦しくなってくる感じがする。看護師が布でのぶおくんの額の汗を拭う。心臓に聴診器をあてると、強く激しく打っている。

ゆっくりと身体を横にする。一本の丸太棒のようにゴロンと向いてしまう。背中を聴診すると、前面よりももっと強い喘鳴《ぜんめい》が聴こえる。

日常の様子

朝、五時頃に目覚める。まず六時に鼻腔《びくう》から胃に通してあるチューブでミルクを一五〇ミリリットルゆっくり入れる。看護師や保育者が、八時頃にパジャマから服に着替えさせる。全身が緊張している硬い身体からパジャマを脱がし、服に着替えさせることはとても難しい。ゆっくりと細心の注意でしないと骨折してしまう。交叉した下肢をそっと片方から持ち上げ、ズボンを通す。服を着るとなんだかしっかりしているように見えてくる。おしぼりで顔をきれいに拭く。

機嫌のよいときは静かにしている。職員もおちついて介助ができる。調子の悪いときは、身体を緊張させて泣いている。それも赤ちゃんが泣いている感じでなく、苦しさを訴えるように連続して呻《うめ》くように泣く。夜間でもいつまでも泣き続け、夜勤の看護師は身体の向きを変えたり、抱っこしたりして泣き止まそうとする。どんなに苦しいのだろう。全身を突っぱって激しい呼吸をし、額に玉の汗を浮かべている。

ふつうは、ふとんに横になると身体がゆるみ、気持ちが楽になる。筋肉がほぐれ、やがて快い眠気がおとずれる。しかし、この子らは横になっていても苦しそうにしている。四肢が緊張し、身体が反り、呼吸が浅く激しく、発汗し、ときには体温が上昇する。安楽であるべき臥床《がしょう》が苦しいのだ。

重い障害のあるのぶおくんを治療して歩けるようにすることや、しゃべれるようにすることは、まず不可能であろう。彼はこれからもずっとベッドで生活をする。しかしそのベッドで横になっていること自体が苦痛であるならば、あまりにもかわいそうではないか。せめて「楽な」「ねたきり」にしてやりたい。存在そのものが「苦痛」であるような彼を見ていて、「快適な存在を」という目標を考えることになった。

のぶおくんが笑った

看護のとりくみとともに、介護職員や保育者による日常の姿勢や姿勢変換の工夫、栄養士が考えるチューブからの注入内容の変更、その注入の速度や、そのときの姿勢の検討、筋緊張やてんかんの薬についての薬剤師との検討、そして病棟会議では、からだの拭き方、状態のよいときの入浴や外気浴の工夫などを話しあった。

こうして毎日の生活を続けているうちに、少しずつ筋緊張がやわらいできた。両上肢があれほど引きつけられていた体幹の側面から離れて、前のほうに伸びていることがある。脚も伸びたままであるが、交叉が少なくなり、ゆっくり広げると交叉がはずれるようになってきた。呼吸も前ほどの激しさがなくなり、ぜいぜいの音も小さくなった。額の汗を浮かべることも少なくなっている。

　ときどきどうしても泣き止まないときには姿勢を変え続け、抱っこしたり、ついには睡眠薬を与えることもあるが、職員の方もなんとかできる自信をもてるようになった。

　入園から二年あまりが経ち、のぶおくんのなごやかな日が続くようになった。座椅子に横たわっているのぶおくんの頬がかすかに緩むのを最初に発見した職員は大声を挙げた。

「のぶおくんが笑っている！」

　その声で集まってきた職員の気持ちは高まっていた。その空気は病棟で働いている職員全体に伝わっていった。のぶおくんがほんとうに笑っているのかどうかはわからない。だが顔がほころんでいる。腕がゆったりと前にでているし、胸が開き呼吸が楽そうであるのが見ていてもわかる。

　まだ緊張が強い日もあるけれども、その時間はずっと少なくなっている。おだやかに過ごしているのぶおくんを見て、存在そのものが苦痛であると考えていたのが嘘のような気がする。自分の身体を自由に動かすことはできないけれども、存在そのものを脅かす苦痛はなくすことができる。このことは私たちに大きな励ましを与えてくれた。

行きつ戻りつ

この時期に、同じように心身の障害の重い子が何人か入園してきた。その原因が、胎児期や出生時にあるばあいもあるし、乳幼児期の脳炎・髄膜炎や脳外傷、窒息などのこともある。最近は乳幼児虐待による重大な脳障害もおこっている。

どのような原因にしろ脳の重い障害があると、身体のまひと筋緊張亢進《こうしん》(あるいは低下)、精神発達遅滞、視力障害、てんかん発作などがあり、呼吸困難もおこる。骨折しやすく、体温調節がうまくいかないこともある。消化機能の不十分さは、繰り返される嘔吐《おうと》となり、その嘔吐物にはコーヒーの滓《かす》のようなものが大量に混じっていて「コーヒー残渣様嘔吐《ざんさようおうと》」と呼ばれていた。これは胃内容物が食道に逆流し、胃酸によっておこる食道末端炎によるものであった。

この子たちは、少し良くなったかと思うと、すぐに悪くなるということを繰り返し、長いあいだ「行きつ戻りつ」しながら、何人かは症状が安定したが、何人かは亡くなった。状態が改善していくときには、喜びもあり希望もあるが、症状が悪化することを繰り返すなかで、治療のむなしさを感じる日々も続いた。

人間の歴史では、よい生活を夢みてまじめに働き、だがどれほど多くの人が希望を裏切られてきたであろう。気をとりなおしてまた働き、やっと安定してきたかと思うと一瞬にして崩壊がおこる。積んでも積んでも崩される、「賽《さい》の河原」で石を積む人間のいとなみはいっぱいあったであろう。しかしそのいとなみがあったからこそ、今日があるのだろう。そう考えて自分を支えていた気がする。

一四時間で亡くなったMくん

びわこ学園が開設されたのは、一九六三年四月である。その当時わたしは勤務していなかったが、就職したあと岡崎英彦園長から聞いたことや、カルテや看護記録の記載から知った、その初年度と次年度に入園してまもなく亡くなった二人の少年のことを書く。

その年の一〇月三〇日午後二時、他県から父母に連れられ、四歳のMくんが入園してきた。まだ頸もすわっていず、「ねたきり」の状態で、とくに下肢(脚)は硬く、上肢(腕)には不随意運動がみられた。しかし理解力があり、父母のことや周囲のことはよくわかっていた。発語はできないが言葉を理解することもできた。当時多かったアテトーゼ型の脳性まひの子であった。本人の意思にもとづいて身体は動くが、スムーズな動きにならず、くねるような不随意的な動きを伴う(原因は出生時の重症黄疸《おうだん》などによることが多く、現在はほとんど発症していない)。

夕方、父母が帰り姿が見えなくなるとMくんは泣き出し、なかなか泣き止まず。軟らかい夕食をスプーンで口へいれると、少し食べるが嘔吐する。番茶を少し飲んだ。汗びっしょりで泣き続け全身を緊張させる。二二時と二三時に睡眠作用のある薬を飲ませるが、効なく泣き続ける。当時の看護記録から引用する。

「三一日〇時三〇分、寝ておらず泣き続ける。二時、汗をぐったりかいて泣き続け、子守唄を歌ってやると、うつろな眼をしているのだが駄目。三時、敷布、毛布、シャツ、パジャマは汗でぐっしょり。四時、ベッドに寝かせる。検温四〇・二度。四時三〇分、死亡」

この間、医師は睡眠薬や精神安定剤、解熱剤を使用している。だが入園してわずか一四時間半で死亡するということがおこった。

Tくんもまた

翌年五月二〇日、六歳のTくんが入園。やはりアテトーゼ型の脳性まひで全身の筋緊張と不随意運動があり、「ねたきり」の状態で頸はすわっていない。知的障害を伴っているが、自分や家族の名前がわかり、その程度は重くない。音楽を喜ぶ。こちらの言うことも簡単なことは理解する。

看護記録から要約すると、

「家族帰宅により機嫌悪く泣き出す。歌ったり相手になっているあいだは静かにしている。夕食二人がかりで介助するも緊張強度のため摂取困難となり、泣いていたが入眠する。しかしまた目覚め、筋肉が緊張し弓なりの姿勢(後弓反張《こうきゅうはんちょう》)になる。発汗多量。

その後も泣くことも多く、不眠、筋緊張があり、後弓反張姿勢になったりしていたが、ラジオや音楽を聴いたり、抱っこしてもらうと泣き止み、おとなしくなったり手を動かして遊ぶ。入園三日目には三九度の発熱があった。以後もときどき高熱が出るようになり、四〇度を超えることにもなった。咳、ぜいぜいする呼吸、吐き気、嘔吐があり、やがて呼吸困難がおこりだし、入園から一八日目の六月六日死亡」。

死亡の直接原因は肺炎と考えられるが、Mくんと同じように不安や恐怖、そして絶望からくると思われる筋緊張、高熱、不眠などによる衰弱があった。

不安と恐怖が身体を殺す

子どもたちは、どんなに恐怖があったことであろう。それまで家族と離れたことがなく、それがまったく理由がわからぬまま遠い場所にきて、突然恐ろしげな場所で一人ぼっちになり、わからない言葉を発する白い衣を着た人たち、変形した身体を横たえ奇妙な声をだす同室の子どもたち、あわただしい人の動きやさまざまな騒音、まったく異質の世界に放りだされて、どんなにか不安で、どんなにか恐怖があったことであろう。そのため緊張し、泣き喚《わめ》き、身体は変調をきたし、高熱を発し、食べ物を受けつけず、睡眠をとれなかった。精神の恐怖は肉体を急速に蝕《むしば》み、ついにわずかな時間で生命を抹殺することになった。

人間の精神は、理由のわからない耐えがたい不安と恐怖にさらされたとき、自らの身体を殺してしまうことによって、終息させることがあるという怖ろしくも尊い事実であった。

こうしたことがあってから、新たに入園したときは母親など家族に数日から一週間付き添ってもらうことになった。この重篤な変化がおこるのは脳性まひなどによって身体の筋緊張や不随意運動が強く、しかし知能の障害はないか軽い子にみられることが多い。もちろん身体症状に対して必要な処置がなされなければならないが、その身体の状態を悪化させる精神に対しても適切な配慮が必要となる。この子らは不安、恐怖とともに絶望の深淵に身をおいてしまったのだと思う。希望を失ったのだと思う。

「就学免除」

次に、びわこ学園で生活し成人した、重度肢体不自由があるが、知的障害のない人を紹介したい。

彼は、二六年間その姿勢で生きてきた。いわゆる「ねたきり」という状態で、自分で身体の向きも変えられない。頸も自分で動かせない。それだけでなく、筋緊張のため頭がうしろへ反り、身体全体も硬くなっている。同じ姿勢のままでいると筋肉が痛くなり、床ずれ(褥瘡《じょくそう》)もおこるので介護者が向きを変える。しかし本人の状態がよくないときは、不得手なほうに向くと呼吸状態が悪くなり、本人も苦しいと訴える。身体の下に枕やバスタオルをいれて、痛みをやわらげ呼吸をしやすくする。

このようなとき、どの部位に枕やバスタオルをかませたらよいかが、慣れた職員には自分の身体のようにわかるのである。

左手だけは動かせる、そのはれぼったい指をぎこちなく動かす。顔の筋肉は動くし、食べ物を咀嚼《そしゃく》し飲み込むことができる。しゃべることはできるが、発声がしにくく聞き取りにくい。知能には障害はまったくない。

障害の原因は出生時の無酸素症(仮死状態)による。幼児期にはリハビリテーションを受けていた。両親やおばあちゃんが彼に多く話しかけ本を読んだ。それで知識を得ていった。しかし六歳のとき「就学免除」ということで学校へ行くことができず、その後も学校へ行く機会がなかった。

八歳のとき、その前年に開設されたびわこ学園に、家族が本人の入園を希望するが、ベッドの空きがなく入園できなかった。一四歳のときから週に一回、びわこ学園に入園している人との交流の機会がもてるようになった。一五歳頃より筋緊張が強くなり身体の変形も目立ってきた。一八歳、感冒症状からコーヒー残渣様嘔吐がおこりだし衰弱した。大津赤十字病院に入院後、一九歳のときびわこ学園に入園することになった。

彼の楽しみ

彼がいちばんうれしいこと、それは食べることである。ベッドの横に座った職員がスプーンでご飯やおかずを口のほうへもっていくと大きな口を開け、むしゃむしゃとおいしそうに食べる。ある日、時間があったので私が食事介助をしたとき、魚の皮を残したら、「それも」と催促し食べた。運動会、遠足、誕生会、クリスマスなどの行事を待ち焦がれるし、家庭への帰省も大きな楽しみである。

しかし、これらの楽しみの日が近づくと、きまって摂氏三九度から四〇度くらいの高熱がでる。そのため参加できないということを繰り返していた。前述の子のようには激しい身体症状でなかったが、人間の気持ち・精神が身体の変調をきたすことを経験した。あまり期待や興奮が大きくならないように気をつけながら、いつしか行事を待つことで発熱をすることはなくなった。

日常的な楽しみは人が訪れてくれることである。職員は日常生活の介助のほかにも彼に本を読んだり、話をしたり、いっしょに勉強をしたりしている。直接に看護、介護を担当している看護師や介護職員以外にも栄養士や調理師、ケースワーカーや発達相談員、薬剤師など、それに事務職員もよく彼のところにやってくる。

「人類戦士」

彼は、そこだけが動く左手におもちゃのピストルを持って喜んでいることが多かった。こういうとき幼児っぽい顔をした。もっとも好きなのは『宇宙戦艦ヤマト』である。テレビで放映されたときにビデオに録ってもらって繰り返し見ていた。主題歌のカセットテープを買ってもらい、いつも聴いていた。わたしはそれを見ていて、彼は強いものに憧れているのだと思った。身体の自由が利かない彼の願いである。宇宙戦艦ヤマトには、宇宙の侵略者とたたかう古代進をはじめ人類戦士が配置についている。

ところでわたしは、彼もまた「人類戦士」であると思っている。さまざまな生きもの、それに人類も長い歴史のなかで多くの変化を遂げ、また死に絶えた生物種も多い。種全体の変貌とともに、個々の個体の多様性があり、「障害」といわれる生きるのに不利な状態も存在することになる。その原因は遺伝性を含む出生前のこともあるし、出生時や出生後の無酸素症などが原因のこともある。どのような生物種も病気や障害を抱えながら変貌を遂げている。というよりは変貌が障害を生みだしたとも言えるし、その生物種に障害の個体を生みだしつつ、変貌を遂げてきたとも言える。そういう意味では、人類の障害を引き受けている個体は「人類戦士」であると言ってよいのではないだろうか。

しかし障害者は『宇宙戦艦ヤマト』の古代進のようにはかっこよくない。わたしにはむしろ安部公房の『砂の女』が浮かぶ。昆虫採集にでかけた教師は奇妙な砂のなかの家に案内され、そこから脱出できなくなる。そこには一人の女が住んでいて、いつも砂を掻《か》い出していなければその家は砂で崩されてしまう。彼は否応なし毎日砂を掻い出さねばならない羽目になる。そして彼らの食糧は村の人が与えてくれていることを知る。つまり砂を掻い出す彼らのいとなみによって、村全体が砂に埋もれることを防いでいるのだ。

ギリシャ神話に描かれた、山の頂《いただき》へ巨石を持ち上げる罰を受け、頂に置くとたちまち麓《ふもと》まで転がる石を再び押し上げる罰を受けたシーシュポスと同じような不条理ないとなみによって、実は人類を支えている。けっしてかっこよくないけれども、やはり彼は人類戦士なのだと思う。

生きる意欲

ときどき筋緊張が強くなって痛みが襲ってくる。姿勢を変え、枕やざぶとんを身体にかます。それで改善しないときは、薬や注射を使う。がまん強い彼は声を出さずに耐えている。気をつけないと、この「静かなるたたかい」に気づかないことがある。

呼吸が弱くなることがある。意識がもうろうとしてくる。血圧も低くなっている。とにかく酸素を入れ、輸液を始める。コーヒー残渣様物の嘔吐もある。それらが繰り返され、全身状態が悪くなる。何回も同じことが続き、何日も低空飛行を続け、体力も消耗する。

そうしたある夜、急激に状態が悪化し突然呼吸が停止した。聴診すると心臓が止まっていた。大急ぎで心臓マッサージをおこない、看護師がマウス・ツー・マウス（口から口へ）の人工呼吸をした。

何分くらい経ったろう、聴診器をあてるとかすかに心音が聴こえるような気がする。「助かれよ！」祈るような気持ちで心臓マッサージを続ける。心音が少しずつ強くなる。

助かった。自発呼吸も再開する。状態は安定したが、意識は戻ってこなかった。丸一日が経って、少しずつ意識が戻ってきた。目を開くと、彼は小さな声で言った。「お・な・か・す・い・た」。わたしは唖然《あぜん》として、次にうれしくなった。二四時間以上も意識がなくて、回復第一声が「お腹すいた」とは、まことに天晴《あっぱ》れと言うほかはない。

ときどき面長《おもなが》の聡明な顔でじっと見つめてくる。貧血で顔色が悪い。筋緊張で頸がうしろへ引かれる。だれもわかってくれないと、その硬い身体に心を秘めてしまっているのか。その心はなにを思っているのだろう。長く見つめられるとこちらの心がひるむ。

「人類戦士」の最期

その日は土曜日であった。午後、医局の部屋にいると、病棟から電話がかかってきて、すぐ来てくれという。何事かと聞くと、彼の様子が急変したと言う。部屋へ駆けつけると看護師が心臓マッサージをおこない、もう一人がマウス・ツー・マウスの人工呼吸をしていた。わたしはすぐに心臓マッサージを代わるとアンビューバッグ（手動式人工呼吸器）をもってくるように言い、それを酸素ボンベにつなぎ人工呼吸をした。それから三〇分心臓マッサージを続けた。心腔《しんくう》内に何本もの注射を打った。心電図モニターを装着し、心臓マッサージをさらに続けた。脈をさがす、かすかに触れている感じがする。少し強くなった気がする。モニターが急に正常な心電図のかたちに変わってくる。心臓は自分で動き出した。脈はだんだんとしっかりしてきた。やがて呼吸も自分でできるようになった。心臓が動き、自発呼吸をしていた。

病棟の看護師、保育者、介護職員は全員がでてきて手伝った。連絡で来てもらった父も母もきょうだいも彼に呼びかけた。ついに意識は回復しなかったけれど、二日間のあいだ彼と気持ちがつながり、ときにはなごやかさが生まれ、そして心臓はそのはたらきを止めた。

彼は二日間生きようとたたかい抜いた。わたしはひとりの人類戦士がついに倒れたと思った。

第2章
どのような存在か

前章で重症心身障害児（者）の具体的な様子、身体的状態について述べてきた。

本章では、この人たちの存在状態がどのようであるのか、どのように考えるのかということを、わたし自身が長年とりくんできて実感的に感じたことを踏まえて記述したい。

まず脳の形成がないかつおくんの状態を述べる。

1　脳のない子の笑顔

かつおくんの「健康増進」計画

かつおくんが生まれてからずっと入院していた病院から、第一びわこ学園に移ってきたのは、二歳九カ月のときであった。頭はやや大きいが、目を開き整った顔立ちで、表情はなく静止している感じであり、とくに苦痛はない様子であった。両腕・両脚は、伸びたままの除脳硬直《じょのうこうちょく》（大脳、中脳などのはたらきがないとき）の姿勢であるが、一見それほど硬い印象ではなかった。呼吸もふつうであった。しかし呼びかけに対する反応はまったくなかった。水頭無脳症《すいとう むのうしょう》（大脳、中脳、小脳などが形成されていず、その部分が脳脊髄液《のうせきずいえき》でおき換わっている）で重度の障害であると聞いていたのだが、拍子抜けの感じがした。三〇年以上前のことで、まだCTスキャン（コンピューター断層撮影機）は普及していず、もちろんびわこ学園にはない。すぐにレントゲン室へ連れて行き、「透光試験」をおこなった。透光試験というと大げさな検査かと思われるが、懐中電灯を頭にあてるだけである。

すると、頭全体が赤い色で、ぼぉーと発光してきた。脳が形成されていないため、そこを満たしている脳脊髄液が照らしだされるのである。それは「不気味」とも言えたし、「不思議な」印象で、「美しい」と思い、見つめているうちに「神秘的な」感じがしてきた。写真を何枚か撮り今も手許にある。その後、大学病院へ連れて行きCTスキャンを撮ったが、やはり大脳、小脳はまったくなく、脳幹部（脳の最下部に位置し、人の意識、呼吸や血液循環、体温調節など、人間が生きていくための基礎となる働きをつかさどっている）のうち延髄《えんずい》と橋《きょう》は存在しているが、中脳は一部が存在しているだけであった。

生まれた病院でも、すぐに病名の診断はついたが、呼吸困難や体温の急激な上昇と下降を繰り返し、家に連れて帰れず、ずっと病院に入院していた。症状が少し安定したので、家に帰るのは無理であるが、ということでびわこ学園に転院してきたのである。

入園当日の印象と違って、翌日からすぐにかつおくんの症状の変化に振り回されることになる。やはり四肢は硬く、緊張は強かった。頸はすわっていず、光に反応しないが、音には反応があるようだ。突然呼吸困難がおこり、酸素の吸入が必要になる。呼吸中枢は存在しているが、十分に機能していないためである。また体温中枢がよくはたらいていないためであろう、突然高体温(摂氏三八~三九度)になり、心臓の拍動が増加し激しい呼吸困難がおこる。急いで身体を冷やすと、急激に低下し三三~三四度になり、呼吸が弱くなり、顔面が蒼白となりぐったりとする。湯たんぽをいれたり、マッサージしたりと忙しい。睡眠中枢も十分でない様子で、睡眠のリズムがとれない。栄養は鼻腔からのチューブ栄養である。

看護師を中心に「健康増進」の計画が立てられた。まず「皮膚の鍛錬」で、外気浴、日光浴、乾布まさつである。「看護計画」には次のようにある。

「室内で窓を開け、換気程度から外気に触れさせていく。その後、五分~一〇分~一五分と段階をふんで慣れさせていき、一五分が完全にできるようになったら戸外へ出る。最低一カ月は室内でおこなう。戸外の外気浴も五分からおこない、三〇分を完全にできるようになってから日光浴を始める」「一年間は乾布まさつのみを実行していく。ガーゼ、タオル、軍手、そして冷水まさつと順次慣れさせていく」

こうして外気浴、日光浴、体温調整、姿勢変換、経口摂取へのとりくみが続けられた。

かっちゃんの「笑い」

ある日、看護師が「かっちゃんが笑った」と言ってきた。わたしは、まさかと思っていた。脳のない子が笑うはずがない、看護師が一所懸命とりくんでいるので、そのように見えたのだろうと、口には出さなかったがそう考えていた。やがて「笑う」回数が多くなり、わたしもその「笑い」を見る機会を得た。それは「笑い」というより「顔がゆるんでいて」「おだやか」に見えた。

保育者の記録から引用する。

「かっちゃんは暖かいところ、明るいところが大好きで、その暖かく明るい感触を体全体で感じられるときに、よく笑ってくれ、もっとも笑顔が多く見られたのが日光浴と風呂に入っているときだったと思う。外に出て、日差しのなかに入ると、太陽のほうに向くひまわりみたいに頭を上へ上へもちあげて、明るい空をじっと見つめているようだった。こんなときは顔がしだいにゆるんで、口を大きくあけ「アー」と笑い出してくることが多かった。（中略）とくに湯ぶねの中で体をユラリユラリ揺らされるのが大好きで、体をリラックスさせ口もポッカリあけて、やっぱり「アーアー」とうれしそうに上機嫌」

ここで、家族のことを書いておきたい。家族は父母のほかに、姉六人、兄二人の大家族であった。みんなよく面会に来て、部屋からは明るい笑い声がもれた。とくに六番目の小学四年生の姉は重症筋無力症（自己免疫性神経疾患と言われる疾患の一種で、筋肉のはたらきが低下する。治療により改善するが完全治癒は困難）で近くの大津赤十字病院に通っており、帰りによく面会に来て弟と「話して」いた。またその下の兄は小学一年生で手紙を書いて送ってきていたが、次のような文章があった。

「かっちゃんはやくよくなってください。いえにかえってきたら、がっこうでならったうたをおしえてあげます」

つたない習いたての文字で書いてある手紙を読んで、わたしは、弟がよくなって退院するのを疑っていないのだと思った。

入園して二年四カ月経ったとき、普段からみられていた速く浅い呼吸が、頻回におこりだした。いろいろの処置をしたが急に呼吸が停止し、マウス・ツー・マウスの人工呼吸、心臓マッサージをおこなったが、蘇生《そせい》せずに死亡した。

「快」を生み出す

かつおくんは、身体を動かすことができない。身体を動かすはずの筋肉は、その緊張が強く、むしろ自分の身体を締めつける。また周囲のことは何もわからない。人の声や、抱っこや、明暗などに何も反応していないようにみえる。室温の変化に対して体温中枢は身体の恒温を保つことができなくて、たちまち室温の影響を受け、高温になったり低温になったりして状態が悪化する。

その子に、看護師たちは果敢にやさしくいどんでいたのであった。根気のいる長期間の計画であった。わたしは、それで納得できるのだったらやったらよいと思い、何も言わなかったし、どのような細やかな変化がおこっているかの関心よりは、もっぱら高体温や低体温、呼吸困難、栄養補給などの対応に追われていた。

ところが、「笑った」という報告を受け、なごんだ顔を見ることになって、ほんとうに驚いた。いわゆる笑いではない、しかしその顔は「楽になったよ、気持ちがいいよ、ありがとう」と言っていた。

脳の形成がなくても、脳が破壊されていても、本人が気持ちよく感じる状態は可能なのだ。看護師と介護者のとりくみは、彼のからだに「快」を生み出した。

2　感覚的存在——五感だけでなく

重い心身の障害のある人たちは、自分で自分の身体を動かすことができない。身体を動かし移動や動作をするという脳の機能が障害を受けているためである。とくに脳の障害が重いばあいには「ねたきり」の身体状態となるし、筋肉は過緊張状態にあることが多い。また重度の知的障害を伴っており、周囲の状況を認識したり、考えたりすることもできない。その程度が強いと、周囲に対する意識があるのかどうかも判然としないことになる。

(1)「外面感覚」

周囲に対する感覚

では感覚はどうか。目は見えていないこともあるが、音は聞こえていることが多い。皮膚への接触に対しては、強い刺激にのみ反応する人や、人によってはその反応も緩慢であったり、ときには過敏であったりする。まったく反応がないように思えるときもある。

こうして外面から見ていると、動くことはできず、認識能力もなく、感覚も鈍く、さらに呼吸状態や消化機能がよくない人もあり、酸素吸入や人工呼吸器の装着を必要とする人もいる。環境や人とのかかわりがなく、無為に存在しているように見える。この人たちは、どのように存在しているのか、まず「感覚的存在」ということで「外面感覚」から考えていきたい。この「外面感覚」という用語は、後で述べる「内面感覚」とともに一般的でない。重症心身障害状態にある人たちの「感覚的状態」を明らかにするために使用している。

雑多な生活音のなかで

重症心身障害児(者)が入所している施設は、最近は小部屋も増えてきているが、いろいろな事情で大部屋に並んだベッドで寝ていることや、プレイルームに出たときにも多くの人が座位や寝たままの姿でいっしょにいることが多い。また看護や介護にかかわる職員も多くなるため、部屋全体が雑然としており、さまざまな音や声が行き交うことになる。しかしこの音の騒がしさに職員は案外気づかない。

それは、職員は移動しながら仕事をしているし、さまざまに飛び交う音や声は、まずは自分が障害のある人にかけている声であったり、職員同士が必要な情報を伝えあっている声であったりする。食事時間になると食器を運ぶワゴン車や配膳の音、食事の介助をしながら話す声も響く。人が歩く振動もある。ときには突然、戸がバタンと閉まったり、室外から車の発進する音や工事の音が聞こえることもある。

いろんな音や声が行き交っていても職員が案外平気なのは、情報を交換するなど職員にとっては必要な声であることが多く、また聞こえてくる音も何の音かがわかりそれなりに違和感がないからであろう。そして雑然としたさまざまな周波数や音圧のある音のなかから、自分に関連のある音声情報を聞き分けることができる（カクテルパーティ効果）。
しかしこうした音が、そこで生活している重い心身の障害のある人にとって大きな影響を与えていると知ったのは、次のようなことからであった。

音が引きおこした「発作」

あるとき他の施設から、身体的には座位をとれる程度で移動はできず、重い知的障害を伴っている三〇代の女性が、びわこ学園に転園してきた。この人は目が見えないが、音はよく聞こえている。前施設からの連絡では、てんかん発作が以前にあったが、その後なくなったので抗てんかん薬は飲んでいないということであった。

ところが間もなく四肢を硬くし大きな声を出す「発作」をおこした。脳波を記録するとてんかん性の波が出現しているのがわかり、抗てんかん薬を飲んでもらうことにした。その後もときどき「発作」がおこり、薬を二剤に増やしても同じであった。気をつけていると、その人の座っている近くで急に大きな音がしたときに、そのような「発作」がおこることがわかり、周囲で急に音を出さないようにみんなで気をつけたところ、「発作」はおこらなくなり表情はおだやかになった。

この人の「発作」と見えたのは、てんかん発作でなく、急に聞こえる音に対して身体を緊張させ叫んでいたのである。周囲の状況を理解できず、また目が見えないため何事がおこっているかわからず、逃げようとしても自分で移動できない。その「恐怖」のための「叫び」であった。脳波のてんかん性の波は、以前のてんかんの名残であり、薬を少しずつ減らして中止したが「発作」はおこらず、周囲で急に音を出さないように注意して表情がよくなった。

夜中のスケッチ

もう一つ経験をした。わたしが当直勤務の日で時間があるときに、夜間に病棟へ行って、入園している人たちの顔をスケッチするようにしていた時期がある。

昼間は忙しくて、入園している人とゆっくりいっしょにいることがない。当直している夜に、状態の悪い人がいないのを確かめてから、重い障害のある人の傍《かたわ》らにいるようにした。

しかし実際にそこに座って呼びかけても反応がないことが多く、手持ち無沙汰になり居づらい雰囲気になる。そこで顔のスケッチをすることにしたのだが、大体ひとりを描くのに三〇分くらいかかる。そのあいだに突然なんらかの音がすると、その人は全身を緊張させ、顔をゆがめる。そして一〇分くらい経ってから、やっと顔の表情がゆるむことを知った。そうしたことを経験して、外部の音や振動が大きな不安や恐怖を与えているのを知った。

私たちは、ほとんどのばあい瞬間的に何の音かがわかり、心配な状態でないかどうかも判断できる。さらに必要でない音であれば(一定の音量以下ということはあるが)、脳が「選択して」その音を「聞こえなくする」。しかし知的障害が重い人は、それが何の音かわからないし、カクテルパーティ効果もはたらかず、その音がそのまま脳に入ると思われる。そのうえ逃げることができない。その音は大きな不安を引きおこし恐怖となり、ときにパニック状態をきたすのであろう。そのため、身体を緊張させたり、恐怖で顔が引きつったりする。叫び声をあげることにもなる。

本源的な恐怖

外界からの感覚的刺激は、音（聴覚）が多いが、明暗、光の反射など（視覚）、皮膚接触（食事介助、更衣、移動、入浴やさまざまな医療的処置のとき）についても注意が必要である。味覚と嗅覚についても、食事内容や感触についての配慮を要する。これらの感覚は「五感」といわれるものである。

周囲の状態を認識できない人に対しては、音であれ皮膚への接触であれ、最初は弱くおこない、さらに必要であれば徐々に強くするという配慮をしたい。この人たちは、身体的に自由が利かないし、ものごとの認識もできないのであり、「感覚」が外界の状態と本人の関係、結びつきのきわめて大きな部分を占める。しかも、「避ける、逃げる」ことができない状態で、外部からの刺激を受けることになる。

そのために、「驚き」「不安」や「恐怖」というだけでなく、生命体の存在そのものが脅かされ抹消されるという「本源的な恐怖」を感じるのではないかと思うのである。

(2)「内面感覚」

外界の状態を感知する感覚を「外面感覚」とすると、自分の身体内部の状態を感知する感覚は「内面感覚」と言うことができる。一般的には、自分の内面を感じる感覚は、「内臓感覚(臓器感覚)」と「位置感覚」に分けることができる。さらにここでは、存在そのものにかかわる感覚を「内面感覚」という言葉を使って説明したい。

内臓感覚と位置感覚

まず「内臓感覚」について。通常は内臓を感覚的に意識することはないが、状態が悪いときや身体が必要とするときに信号が発せられて、「お腹が痛い」「吐き気がする」「のどが渇く」「おしっこをしたい」などと伝えられる。これらは生体からの重要な情報・信号である。必要な処置や行為を促している信号であり、無視してはならない。

次に「位置感覚」であるが、これは自分の身体や四肢の位置を感知し脳に伝えている感覚器による。筋肉内や関節にある「固有受容器」といわれる器官のはたらきによって、いちいち自分の手を見なくても手を開いているか閉じているか、膝の関節を曲げているかどうかなど、四肢の位置や関節の状態などがわかる。さらに内耳の「骨迷路《こつめいろ》」にある「三半《さんはん》規管《きかん》」は、回転加速度を検知する。また内耳の「前庭《ぜんてい》」の内部には直線加速度や重力に対する頭部の傾きを検知する器官がある。これらによって地球の重力に対する自己の位置がわかるし、身体の回転や直線加速度の状態を感知し適切な対応を促す。

「快」と「不快」

ここで言う「内面感覚」は、これら「内臓感覚」や「位置感覚」とは異なるもので、身体全体の状態を感じる感覚を意味している。かんたんに言えば、「快」と「不快」の感覚のことである。医学的に言えば、脳が身体の状態を感じているのであろうが、心身に重い障害のある人では、身体そのものが感じ、表現している印象がある。

人間の「快」の感覚としては、はっきり意識するかどうかは判然とはしないが、「今日はからだが軽い」という感じや身体の「存在感」などのように主として身体的な感覚もあり、「安心感」「安全感」「熟眠感」「健康感」のような「感じる」感覚もあり、「充実感」「期待感」「創意・創作感」、あるいは「喜び」や「うれしさ」という精神的なことや感情的なこともある。さらに、「向上感」「達成感」「完成感」など自分の変化・発達や意思にかかわること、また精神的な「存在感」と言える感覚もあり、「自分という感覚」など抽象的な感覚もある。人との「共感」「協力感」「役立ち感」など人間同士の関係にかかわることもある。

全般的に言えば「快」の感覚は、生命体を発展させる方向にあり、その反対にある「不快」感、たとえば「痛み」「吐き気」「不安感」「不全感」「失望感」「絶望感」「悲哀感」などは、不必要という意味ではないが、一般的には生命体を衰退させる方向にあると言える。

重症心身障害児にとって、「外面感覚」が「快」であるとともに、「内面感覚」が「快」である状態が大事であることを考え、配慮していくことが大切であろう。外面的、内面的に「快」の状態にあるという感覚的状態は、外部環境を認識・判断したり、自分で移動したりすることができない人たちにとっては、基本的な「生きる喜び」であると考えられる。もちろんそれは、重症心身障害でない他の障害のある人、さらに障害のある・なしにかかわらず、だれにとっても基本的に大事であるのは言うまでもない。

3　身体的存在——二次元の世界

(1)　空　間

二次元の世界

この人たちは身体に重い障害があり、座位をとることができないことも多く、「ねたきり」という状態にある。動けないのは不自由であるし、それだけでなく下肢は体重を支えて歩くという経験をしないから、その役割を認知せずカルシウムが骨に沈着せず骨粗鬆症《こつそしょうしょう》の状態にあり、もろく骨折しやすい。臥位《がい》であると横隔膜の位置も高くなり、肋骨《ろっこつ》が適当な斜位をとらないため、呼吸不全になりやすくなる。座位、立位をとれず、歩けないことによって、循環器、呼吸器、運動器などにさまざまな問題がおこるが、ここでは「ねたきり」という状態そのものについて考えていきたい。

つまり移動できるかどうかということは、ただ不自由かどうかだけでない問題があるだろうということである。

地球上の空間は三次元の世界であり、すべては三次元空間に存在しているし、もちろん人間はその空間における立体的存在であり、その三次元空間を移動する。そしてそこには時間が存在する。だが重症心身障害といわれる人たちは、一歳を過ぎても立位はもちろん座位もとれず、移動もできない。何らかの介助がなければずっと平面上に動かずに存在している。つまり平面の二次元世界で存在し、時間も感知しにくい状態にあると言える。

三次元空間と移動・時間

「ねたきり」で、移動ができないとすると、その存在は、空間の長さや幅、さらに高さの感覚、つまり空間の立体感も、距離感も実感しえないのではないだろうか。三次元の立体空間は目に映っても、異質の世界、別世界ではないだろうか。三次元世界に生きる家族や介護職員とは世話・介護という接点があり、三次元の世界での動きも見えるが、自分の存在する世界とは別の空間・異質の世界と感じ、感情を伴わない静止画のような印象ではないかと思うのである。

たとえ移動できなくても、座位をとることができると立体の世界に参入することになり、目に映る他の人たちの移動は、同じ三次元世界の動きとして実感し、さらには新鮮な感情を伴ったものになるだろう。

人は、空間の存在と状態を、その空間内を移動することによって認知していく。一歳を過ぎると立体的に移動する。移動するということは、その目に映る空間の風景が刻々と変化することでもある。

空間を移動するということがなければ、空間の風景は動かず、絵に描かれたようであり、死んでいる。その空間の中を自分が動くことによって、空間もまた動き出し、自ら空間にはたらきかけ、空間の広さや距離感が感情を伴って把握できるであろう。

本人が自分で移動できなくても、ストレッチャーや車椅子で移動できれば、空間は動き出す。移動に伴って、風景がうしろへ動く。ゆっくり、速く。人に近づくのか、その人が近づいてくるのか。音が聞こえてくる。そして角を曲がると新しい空間が眼前に現れる。こうした変化のなかで距離感を感じ、喜びがわきおこり、空間を認知する。

そしてなんとか自分自身の操作によって、移動機器で移動ができるとき、さらに立位でできるならば、他の人と同じ目線で、同じ風景を見ることになるし、自らの意思で移動することによって自分の感情がより豊かに醸成されるし、外部へのはたらきかけも積極的になるだろう。それは、自分自身が生きている喜び、他の人と同じ空間に同じように存在し、生きている喜びではないだろうか。

重力との関係

もう一つ考えなければならないのは「重力」との関係である。通常重力は人間の頭足方向（たて方向）にはたらき、人間は無意識的であろうがそれを感じている。類人猿、人類の歴史のなかで重力に合うように活動する身体が形成されてきている。しかし重症心身障害状態にある人は、「ねたきり」であるため、重力が頭足方向（たて方向）でなく、腹背方向（よこ方向）にはたらいている。

このことによって身体的な問題がおこる。たとえば呼吸がしにくい（横隔膜が下がりにくい、胸郭が開きにくい）。消化機能も食べた物が下へ移動するのでなく横へ移動する（もちろん腸の蠕動《ぜんどう》運動はおこる）。下肢が重力に抗して体重を支えないから、骨が脆弱《ぜいじゃく》で骨粗鬆症状態にあり骨折しやすい。心臓は血液を通常の頭の高さまで上げる必要がないから一般的に血圧は低く心臓のはたらきは弱いなどである。ただし啼泣《ていきゅう》や筋緊張によって血圧は上がる。

この状態に対して、できれば座位、立位の状態を経験することにしたいと思う。しかし容易にできないばあいは、装具や外部の支えで、あるいはゴム製装具(セラスーツと呼ばれる治療用スーツ)などの使用で重力の影響を弱めて(免荷)、立位をとれるようにする。また「スパイダー」と称する強いゴムを使って身体を立位に維持し、その支えで身体を自分で動かし、重力を実感するようにするなどの方法もある。水中での浮遊や立位姿勢も意味があると思われる。今後の課題であるが、人体と重力の関係から検討していかねばならないことがいろいろあると考えられる。

(2) 時　間

時間は流れているか

空間の移動は、時間を必要とする。一定の距離を移動するのに決められた時間があるのではない。ゆっくり移動して時間がかかるときもあるし、速い移動は短い時間で終わる。

空間移動は時間を必要とするが、その時間はさまざまで、しかも「物理的時間」だけでない「心理的時間」がある。同じ距離を同じ時間で経過しても、介助してくれる人、移動途中の景色、人との出会い、さらに天候、気温などにも影響される。楽しい時間は速く過ぎるが、その思い出は濃く、記憶では長い時間となる。

いずれにしろ、空間移動は絶対的に時間を必要とする。ここに時間感覚が実感として生まれてくる。「ねたきり」の状態で一日を過ごし、移動の経験をしたことがなければ、そして本人にとって時間が「無為」に経過していれば、時刻の推移は知ることがあっても、実感として時間は存在しないのではないだろうか。

移動し空間の変化を感じ、他の人との出会いがあるなかで時間感覚が育ち、それはただ時間感覚だけでなく、より空間を認知することであるし、環境にはたらきかけ、他者と交わり、生きている実感がおこるであろう。そうしたことによって、三次元の世界と時間が存在する四次元時空間の世界に生きることになる。

過去・現在・未来

つまり空間の認知は、移動によって時間の認知も加わってくるのであるが、時間というのはわかりにくい存在である。わたしたち自身が現在に存在し、そのわたしたち自身が感じるのは、現実に客観的に存在する「現在」の環境からの感覚であり、それによって得られる認識である。つまり過去は過ぎ去り、未来は未だ来たらず、現在は過去と未来の間の一瞬ということになる。わたしたちは、この一瞬の連続のなかをあわただしく生きている時間的存在なのであろうか。

時間についての考えで後世に大きな影響を与えたのは、ローマ時代末期の神学者であり思想家であるアウグスティヌスである。アウグスティヌスは言う。

「未来も過去も存在せず、また三つの時間すなわち、過去、現在、未来が存在するということもまた正しくない。それよりはむしろ、三つの時間、すなわち過去のものの現在、現在のものの現在、未来のものの現在が存在するというほうがおそらく正しいであろう。(中略)すなわち過去のものの現在は記憶であり、現在のものの現在は直覚であり、未来のものの現在は期待である」

「それはこのようなことをなす魂のうちに三つのものが存在するからではなかろうか。すなわち、魂は期待し、知覚し、記憶する。そして魂が期待するものは、知覚するものを経て記憶するものに移ってゆくのである」(服部英次郎訳『告白(下)』岩波文庫)

つまり過去は過ぎ去ったものではなく、未来は未だ来たらずというのではなく、現在と同時に「記憶」や「期待」(希望)として存在するのであり、乏しい「過去」の経験や期待のない「未来」の状態は、現在をも貧しくしているのである。

記憶について

「記憶は過去に関する現在」という、その記憶についてもう少し述べる。記憶はノートに書かれたものではない。記憶はパソコンに入力されたデータでもない。脳に存在する記憶は、神経細胞ニューロンのネットワークに生きているものであり変化する。過去の事実についても変貌することがあるし、記憶にかかわる感情は変わる。

つまり脳の記憶は、過去に客観的に存在した事実の記録であるとか、記述された感情ではなく、現在の脳の記憶状態である。文字通り「過去の現在」なのである。過去は現在の心（脳）の中に、現在のかたちで存在する。同様に、未来も現実には存在せず、心（脳）に期待や希望として存在する。記憶は過去のように思える現在であり、期待や希望は未来のように思える現在である。わたしたちは「過去の現在」と「未来の現在」と「現在の現在」に生きているのである。

ここで述べたいのは、移動のままならぬ重い身体障害のある人たちは、過去の実際の経験、つまり「記憶の現在」が貧しく、現在を生きることの貧しさ、寂しさにつながっているのでないかと考えるのである。現在をよく生きることは、いずれ過去となるが、しかしそれはいずれ「現在」となる未来の時間を「記憶の現在」を含めてよく生きることになる。重い身体障害のある人にとって、とくに移動の問題とかかわって、生きる喜びとして時間の問題とともに記憶の問題も考えたいのである。

4　意　識——生命体を維持・発展させる方向

平面（二次元）に生きる人にとって、空間（三次元）は、疎遠な異質の世界のように思える。

物理空間的にはそうかもしれないが、人間と人間の関係はこれを超えるのではないか。同じ時空間に生きているということを以下に叙述していきたい。

(1)「外在意識」

「意識」とは

最重度の障害があると、意識があるかどうかも定かでない。

では意識がないというのはどういう状態なのか。一言でいえば「反応がない」という状態と定義されている。たとえば世界的に使われているグラスゴー・コーマ(昏睡《こんすい》)・スケール(GCS)では、「刺激に対する開眼」を四段階、「言語反応」を五段階、「運動反応」を六段階に分けている。それぞれもっとも重い意識障害は、痛み刺激に対して「まったく開眼しない」、言語は「まったくなし」、運動は「まったくなし」という状態である。

日本では、「日本昏睡スケール(JCS)」が使われることが多いが、まず大きく三つの段階「刺激しないでも覚醒している」「刺激で覚醒する」「刺激しても覚醒しない」に分け、さらにそれぞれを三段階に分ける。もっとも重い「刺激しても覚醒しない」では下位分類として「痛み刺激に対して払いのけるような動作をする」「痛み刺激で少し手足を動かしたり顔をしかめたりする」「痛み刺激に反応しない」としている。

これらからもわかるように、医学では、意識というのは外からの刺激に対する「反応」とし、その程度を段階分けしている。重症心身障害の最重度の人たちは、「グラスゴー・コーマ・スケール」では、刺激に対して「まったく開眼しない」、言語は「まったく発語がない」、運動は「緩徐な四肢屈曲、伸展反応」や「まったくなし」という状態に近い。「日本昏睡スケール」では、九つの段階のもっとも重い二つの段階となる。刺激をしても覚醒せず「痛み刺激で少し手足を動かしたり顔をしかめたりする」「痛み刺激に反応しない」という状態である。

「反応」がなければ「意識」はないか

では、反応がないから「意識がない」と言えるだろうか。近年よく知られるようになった「筋萎縮性側索硬化症《きんいしゅくせいそくさくこうかしょう》(ALS)」は、運動神経が侵されていく病だが、感覚器、感覚神経は侵されない。末期になると「閉じ込め症候群(ロックド・イン・シンドローム)」の状態になることがある。身体はまったく動かなくなり、自分からは発信ができない。しかし本人の意識は清明であり、皮膚の感覚もあり痛みも感じるし、声や音も聞こえ、目も見え、周囲の状態はすべてわかる。しかし外部からみると、本人はまったく動くことがなく反応がなく、なにも感じていないし、考えていないし、意識がないように見える。

この「筋萎縮性側索硬化症」の末期の状態に対して、先に述べた「日本昏睡スケール」をあてはめると、もっとも重い意識障害に該当することになる。本人の感覚や意識はまったく「正常」にはたらいているのに、「日本昏睡スケール」では「意識なし」となってしまう。つまり医学・医療では外部からの刺激に対して「反応」がないのを「意識なし」としているが、本人の意識は十分に「ある」のである。このような状態は他の疾患でも見られることがある。

重症心身障害の状態にある人についても、同じようなばあいがあるのではないかと感じてきたので、「意識」と「反応」を区別するために、外部からの刺激に対して反応があるか・ないかという状態を「外在意識」とした。つまり「外在意識」は「反応」という意味と同じことになる。ということは「外在意識」はないが、「内在意識」はあるのではないかという問題である。

(2) 「内在意識」

通常の「意識」ではない何か

ここで語ろうとする「内在意識」という言葉は、「外在意識」という言葉もそうであるが、一般的には使われていない。重症心身障害の状態にある人と接してきて、この人たちの意識状態はどのようであるのかを考えてきて、いわゆる意識とは関係はあるのだろうが、通常で言う「意識」ではない何かがある。それを表すのに「内在意識」という言葉を使いたいと思うのである。

いままで重い障害のある人たちの診察をおこない、そのうちには肺炎やあまりにも強い呼吸器障害や全身の過緊張で衰弱して亡くなった人もいる。一方で回復した人もあり、いまも診療を続けている人もいる。その何人かの人のことを述べたいと思う。

わたしがびわこ学園に常勤医として就職したのは一九七七年であるから、三四年前になる。当時は、まだ心身障害の程度が極端に重い人はいなかった。ただひとり、障害が重く

「ねたきり」の状態で、まったく反応がなく、呼吸状態なども悪い二〇歳代の女性が在園していた。彼女は目も見えていないようであった。そのとき肺炎に罹患《りかん》していて、呼吸の悪い状態が続いていたので、治療のためベッドの傍《そば》にいることが多かった。その結果、肺炎が治癒し穏やかな呼吸になり、次第に傍に行くことも少なくなった。

その後、久しぶりに訪ねると呼吸が荒くぜいぜいという感じがある。心配になって看護師に呼吸が激しくなることはないか聞いたが、そのようなことはないという返事であった。ときどき面会に来られる母親も感じないということである。そうこうしているうちに気づいたのであるが、肺炎で全身状態が悪いときにわたしがつききりのような状態で治療しており、徐々に身体状態がよくなり、楽になってくる過程に傍にいることが多かったので、なんとなく声や雰囲気を感じて、わたしが傍に行くと身体が楽になっていった「身体的感覚」が蘇ってきて、ひょっとしたら「ときめく」のではないかとひとり悦にいっていた。

その後も外来診療も含めて重い心身の障害のある人に同じような経験をすることがあったし、これは障害児といっしょにいるお母さんが「この子はわかっている」と言われることと同じことなのだと思うようになった。このことについては次節「5　関係的存在」で書きたいと思う。

重い障害と「感覚」

人間が外の状態を感じるのは、五感と言われる感覚器官である「視覚、聴覚、嗅覚、味覚、皮膚感覚」による。そしてその感覚につながっての反応や判断があるが、それだけでなく外界の全体的な状態を感じることができる。「よい雰囲気」とか、「いやな感じ」など漠然とした印象であり、それは自分の身体や精神にとって「よい状態」なのか「悪い状態」なのかということによるのであろう。また意識的ではなくても、脳に記憶されている過去の体験が影響していることも多いであろう。

気持ちには「ほっとする」「なごむ」「いやされる」「気分が楽」などの表現で表される「感覚」があり、反対のばあいは「いらいらする」「落ち着かない」「腹立たしい」「気分が悪い」などいろいろある。その感覚は、「こういう状態だから気持ちがよい」などと「認知・認識」できることもあろうし、「もっと続くとよいが」とか、「このようにしたらもっと気持ちよくなるだろうか」など「願望」や「思考」とつながっていることもあろう。しかし、いちいちそのようなことを考えなくても気持ちのよい状態は気持ちがよいのである。

では、外界を感じる感覚である「目」も見えず、ときには「耳」も聞こえず、そして「理解や思考」もできない、さらに「意識」があるかどうかも定かでない重い心身の障害のある人たちは、外界をどのように感じているのだろうか。外界の状態によって、本人の身体や「内面感覚」や「内在意識」は何らかの変化をおこしているのだろうか、どのように影響を受けているのであろうか。

快く楽な状態を

この人たちは、感覚器に到達する刺激を外界からの情報としては意識していないであろうし、外界の状態の認識もできていないであろう。また自分の内部の感覚を意識にのぼらせることもできていないであろうし、それらの感覚にもとづいて何かをおこなうことはできない。それでは外界や身体内部の状態を「感じていない」「意識できない、していない」と言いきれるかどうかということである。この問題を「外面感覚」「外在意識」および「内面感覚」「内在意識」として叙述してきた。

心身の障害が重いときには、外界の状態を認識することができず、内面の状態についても意識的には感じることができない。しかしその人は生きており、内外の環境に対して反応し、自らを変化させている。それは、その人の脳がその役割を担っているというのではなく、生命体全体として感じて、反応しているように思える。皮膚、皮下組織、筋肉、腱《けん》、骨、血管、リンパ系、さまざまな内分泌、種々の内臓などの器官がはたらいている。また脳神経系では、大脳自体の障害はあるが、脳の下部に存在している間脳、脳幹などの部位や脊髄《せきずい》、末梢神経、自律神経などは十分とは言えないにしてもはたらいているであろう。障害があっても身体の各器官が全体として一定の秩序をもって存在し、はたらいていると言える。それらは不安定でもあり、有効性からいえば定かではないが、生きてはたらいており、それは生命体を維持・発展させる方向に動こうとしているはずである。その状態がよくはたらいていると、「快」という状態になるのではないかと思う。

重い心身の障害のある人たちへのとりくみは、心身の機能の改善のためもあるだろうが、基本的には「生命体の維持」と本人が「気持ちがよい」状態にあるためと考えられる。あえて言えば、この状態がこの人の「生命的存在」であり、「生きがい」と言ってよいのではないだろうか。

5　関係的存在――「わかる」とは

重い障害の子どもたちに接すると、まったく反応がないと感じる。だが、お母さんに尋ねると、ほとんどの人は「この子はわかっている」と言われる。わたしは、「お母さんは、わかってくれたらよいという気持ちか、わかっているはずだという思い込みがあるから、そう言われるのであろう」と思っていた。あるいは「「感じている」ということを、「わかっている」と表現されている」ということかもしれないと考えていた。

しかし本当はどうなのだろうか。在宅で養育している人には家まで行って、入園している人には面会に来られたときに話を聞いた。その何人かのお母さんの話を記載する。

表現

Eくん、一九八二年生まれ。

生まれたときは二五〇〇グラムで未熟児ということではなかったが、体温が低く保育器に九日間入った。三カ月経っても笑わず、いつまでも頸もすわらず、六カ月のときに大学病院で、脳に「しわ」がない「滑脳症《かつのうしょう》」であり、脳波にはてんかん性の波があると言われた。母は、障害の重さに衝撃を受けたというより、姉が二人いて下のほうとは年子で、その日その日を過ごすことに懸命なあまり、悩んでいる暇がなかった。親としてできることをやっていこうという気持ちであった。一歳から就学前まで「母子通園センター」に通った。人からは「障害の重い子をもってたいへんやね」と言われたが、自分にとってはあたりまえの生活になっていた。姉たちもこの子とよく遊んでくれた。

小学校は養護学校に入学した。いろいろとりくんでもらい活気ができて表情がよくなった。しかし入学当初と、担任が代わった四年生のときに直径一センチくらいの円形脱毛症ができた。いずれも八月頃に消えた。誤嚥《ごえん》性肺炎を繰り返し、体重が増えなかった。

この頃、わたしは鼻腔からの経管栄養を勧めたが、口から食べる楽しみを奪いたくないと、お母さんはなかなか同意されなかった。五年生のときに鼻腔からの経管栄養を納得され、体重は一五キロから二三キロに、発熱も収まって元気になり表情も豊かになった。

お母さんは、「Eはよくわかっている」と言われる。お母さんが近づくとうれしそうで、ほっとしたような感じになっているのがわかる。お父さんは毎日仕事に出かける前に、Eくんに声をかけ体をさわる。このときは薄目を開けて「いってらっしゃい」という感じである。だが夜八時頃、お父さんが玄関の戸を開ける音がすると、全身を緊張させる、そしてお父さんが来てくれるのを待っている様子で、足音が近づいてくると頭を強く反らして見ている。お父さんが武骨な手で触れると、発作のときのように全身を硬くする。

その様子を見て、お母さんは、「発作につながるからあんまりさわらないで」と言っていたということである。しかしこれはてんかん発作とは関係がない。たしかにてんかん発作は今もあるが、そのときは筋緊張とともに呼吸状態も悪くなる。お父さんがさわると筋緊張はおこるが、全身は活気がある。これはお父さんが近くに来て、さわってくれることに喜んでいるのである。身体の障害があるので、喜びの気持ちが身体を硬くするのである。

母の実家へ連れて行くと笑わないが、家に戻ってくるとリラックスして声をだす。本人は、学校行事でいろんなところへ連れて行ってもらうのが好きであった。表情が違うし、楽しそうにしている。学校では、男の先生より女の先生のほうが好きで反応がよい。高い声を好んでいる様子である。

その頃、わたしは担任の教師（男性）に、どのような「わかり方」なのか尋ねた。音や振動には反応がある。理解はしていないけれど感じている。突然音がするとびっくりして体が硬くなる。快い感覚を感じているときには、理由や理屈を考えないから、気持ちよさをそのまま純粋に感じているようだ。円形脱毛症は環境の変化を感じたためであろう。

「Eくんを学校に連れてきたお母さんが、今日は機嫌が悪いとか調子がよいとか言われるが、なかなか表情だけではわからない、見分けにくい」「快」のときはどういう表情なのか、「不快」なときはどうなのかを問われてもわからない。でも黙って抱きしめていると、本人の快さや不快さが伝わってくる」

一七歳、呼吸状態が悪くなり、気管切開をし人工呼吸器を使用するようになる。同じ頃、胃《い》瘻《ろう》を造設しそこからの経管栄養となる。二一歳、喉頭気管分離術（食べ物や唾液が気道へ入る「誤嚥」を防ぐために、声門の下で気管を切り離し、食べ物が気道に入らないようにする。呼吸は、頸部を切開し気管開口部とし、そこから肺へ空気が出入りすることになる）を受ける。現在は二八歳で、自宅で生活している。家族が気道からの分泌物を吸引し、人工呼吸器の管理をし（少量の酸素使用）、胃瘻からの栄養物注入をおこなっている。月に一週間、びわこ学園に短期入園をしている。

お母さんも高齢になってきて、「家で介護をするのはしんどくないですか」という問いには、「自分と同じ年齢の人は好きなことをしているが、自分の家にはＥのいのちと自分のいのちがある、夫もそこにいるし、三人の人生がある。Ｅには本人の思いどおりにしてやれるし、自分もそれがうれしい」ということである。

交わり

Ｎくん、一九八四年生まれ。

生まれたときは安産であった。三カ月を過ぎたころ、発熱が続き、意識もぼんやりしてきて「ひきつけ」をおこした。病院で「髄膜炎」と言われ入院した。六カ月のときに退院したが、大脳は破壊され、小脳と脳幹部が残っているだけであると言われた。

全身が硬く、身体はまったく動かなくなっており、笑わず、呼吸もしにくく呼吸数も多かった。重い障害があることを感じたが、生きているだけでよいし、長生きしてくれたらと思った。家に連れて帰って相手をしたが反応はなく、体温調節も難しかった。一歳五カ月のときてんかん発作がおこり、びわこ学園外来で診察を受けることになった。その後、妹と弟が生まれた。七歳のときにびわこ学園に入園した。

入園後も状態が悪く、よく嘔吐し、身体もぞうきんを絞ったようによじれていた。夏は部屋にクーラーが入ると、体温が二三度くらいに下がるので湯たんぽをいれた。

はじめて笑ったのは、入園して二年くらい過ぎてからであった。この頃から母が傍に行くと静かになり、帰ろうとして離れると泣くように声をだす。母は、「ベッドに近づくとわかるようで静かになるし、抱っこすると身体が軟らかくなる。帰ろうと離れると「きいっ」と硬くなり、「あー」という感じの声を出すので、帰るのが辛かった。Nが自分の行くのを待っていると思い、家にいても落ち着かない」と話されていた。

お母さんに、「Nくんに何を話しているのですか」と尋ねると、「Nには今日あったことを話している。買い物にも行こうなとかも言っている」「いやなことがあったときも話している」「にこっと笑ってくれると、その日しんどかったことも忘れてしまう」。

それを見ている看護師は、「お母さんが来ると、よい顔をして、その言葉に反応して、

「返事」をしている」「しゃべっている」と言う。それを聞いて、わたしは改めて脳のCTスキャンフィルムを見たが、やはり大脳はまったくなかった。

父は無口な人で、びわこ学園に来たときも黙ってベッドの傍で座っているが、父も喜んでいる様子である。

本人は、新しい職員には、「だれ?」という感じであるが、慣れてくるとほっとするような感じになる。他の病棟への勤務異動があった職員が訪ねてくれるときには、にこっとするように見える。表情の変化はわかりにくいが、お母さんや慣れた職員には、よくわかるようである。

その後、身体が大きくなり、四肢の硬さは強くなっている。頸はうしろに引かれている。気管切開をおこない、酸素を少量使用している。分泌物の誤嚥があるため、最近、喉頭気管分離術を受けた。人工呼吸器は使用していない。現在は鼻腔からの経管栄養である。分離術を受けてから体重が増加している。

お母さんは、「自分が行くのをNが待ってくれているので、行かないと落ち着かない。それにびわこ学園にいると気持ちが楽になる」と語ってくれた。入園以来二〇年間、毎日びわこ学園に来られている。

感情

Yくん、一九八二年生まれ。

生後三カ月のとき、頭をコクンと前に落とすようにするので病院へ行ったところ、「点頭てんかん(ウエスト症候群)」と言われ、すぐに入院した。ACTH(副腎皮質刺激ホルモン)の注射治療を毎日受けていったん止まったが、一歳で再発した。その後、薬をいろいろ変更し、発作がない時期と、止まらない時期があった。身体機能の発達も遅れていたので、生後八カ月よりリハビリテーションを受けた。六歳、養護学校入学。リハビリテーションを続け、自分の腕で支えて座れるようになった時期もあったが、その後「ねたきり」の状態になっている。一二歳、びわこ学園に入園し現在に至っている。知的障害(精神発達遅滞)は重度であり、一見反応がない。音は聞こえているが、目は見えていない様子。ピクッとする発作が今もある。

入園した頃は毎週、家族が家に連れて帰っていた。家に戻ると喜んでいる感じで笑う。

その後、本人の身体もだんだん大きくなり、現在は年に数回の帰省である。お母さんは、パートの仕事の合間を縫って、毎日面会に来ている。母が来て何度か声をかけると、Yくんは「いつもの声だ」という感じで口をゆがめニッと笑う。声がでるときもある。反応がないときもあるが、体調が悪いときのようだ。職員の声にも反応するが、知らない人には反応しない。

父は、入園するまでは母と同じように本人にかかわっていたし、家に連れて帰ったときは添い寝をする。本人は父に対しても母と同じような反応をする。いちばん反応するのは年子の兄の声に対してで、小さいときから喜んでいた。弟は五歳離れていて、弟からするとYくんは兄なのに自分よりも世話を受けているということで、なじみにくかったらしく、Yくんからの反応も少ないようだ。

音については好きな音があり、紙をくしゃくしゃとする音やマジックテープをはがす音がすると、「ハハ……」と笑う。急に大きな音がすると、てんかん発作がおこる。

「お母さんは、毎日来ていてどのような気持ちですか」という問いには、「そばにいるだけ、声をかける、衣類の整理などをしている。心の中で息子としゃべっている、「今日、こんなんあったん」とか、自分にあったことや思ったことをしゃべっている。自分の気持ちの発散の場になっているなぁ」ということである。

「こんなことがありました」とお母さんが話されたのは、養護学校の担任の先生が産休で休むことになって、クラスの一人ひとりに話しかけたときのことだ。「Yは、他の子どものときには知らん顔をしていたのに、先生が「Yちゃん」と言ったときにワーと泣いたので、先生もたいへん驚かれたと聞きました。とても言葉の意味がわかるということはないし、そんな感情があると思えないが、雰囲気を感じていたのだと思います」ということである。わたしもそれを聞いて驚いた。何かを感じる、何か悲しいという気持ちになる、そういうことがあるのだと思った。

お母さんは、「本人は病気になっても負けないし、真剣に生きている。この子からは、真剣に生きることを教えられた」と話された。

安　心

Hくん、一九八五年生まれ。

生まれて六カ月経っても目があわず、母は育てていても楽しい感じがせず、病院に聞いたが心配ないと言われた。紹介する人があり、わたしが担当していた市の乳児検診を受診された。障害があるのは明らかな状態で、いっしょに来ていたお父さんに話をした。そのときのことをお母さんは、後に次のように話された。「そのあと主人と二人でとぼとぼと、二人とも何も言えず帰りました。家に帰ると主人の親が「どうだった」とわたしに聞きましたが、「主人に聞いてください」と言って、部屋に入りました。わたしは大きなショックを受け、子どもの名前を何回も呼びながら抱きしめました」。

一カ月後、点頭てんかんを発症、病院に入院して発作は止まった。親身になって心配してくれる人がいて支えてもらった。訓練を始めたが、ずっと「ねたきり」の状態であった。一歳になって療育教室に通い、その後保育園に通う。養護学校へ行く頃には、よく笑うようになり、障害のあることについて母はあまり悩まないようになっていた。しかし再び発作がおこってきた。

弟が生まれ慌しくなり、夫も仕事などで疲れていた。Hくんが夜中に起きるようになり、母は夜ねられなくなった。それでも昼間の訓練や遊び、五感の刺激が必要と思ってとりくんだ。母は疲れ切り、ちょうどＨくんがびわこ学園に二カ月短期入園できたので、ようやく落ち着いた。しかし、Ｈくんはびわこ学園では食事をしなくなり、熱もでるようになった。母が行って食べさせると食べるので、できるだけ行くようにした。だんだんＨくんも落ち着き、母も健康を回復してきた。

その後、養護学校へスクールバスで通学できるようになった。大きな声でのどを鳴らして笑うこともある。母は、Ｈくんは歩けないけれど感情が豊かに育っていると感じている。

一四歳から、びわこ学園に入園している。毎日曜日、母が迎えに行き夕方まで家で過ごすようにしたが、母の体調が悪く帰省できないこともあった。父はＨくんの顔を見るとほっとするのであるが、仕事が忙しく疲れていて相手になってやれない状態があった。

その後、父が退職してからは日曜日ごとに、午後一時に父母で迎えに行き、帰省できるようになった。

迎えに行くと、喜ぶのが声でわかる。母に対してはフフフという感じで、自然に頰がゆるんでくる様子でにこにこしている。一体感という印象で、母自身も深いところでつながっている感じがあるという。父に対しては喜んで笑うという感じで、人と人の関係という印象である。

家に連れて帰ってから、父は車椅子で散歩に連れ出す。散歩中、父は家であったことなどをHくんにしゃべっている。家に近づくと、わかってきてケラケラと笑う。母が食事をつくって待っている。

夜の七時にびわこ学園に戻ると、他の入所者が「あー」とか「うーうー」とか声をかけてくれる。本人も帰ってきたと安心している感じがある。家でしっかりかかわっていると満足して戻っているようである。

母は、この子の世話をすることで癒されている、助けられている感じがあり、「生きていくエネルギーをもらっているように思う。この子は現代の「水蛭子《ひるこ》」です」と言う。

母は、まだHくんが小さいときに、私の講演を二回（「水蛭子」と「遺伝性疾患」）聴いて、障害のある子の見方が変わり、すごく気が楽になったということである。その内容を簡単に記載する。

水蛭子

「水蛭子」（蛭児）は『古事記』や『日本書紀』の初めの部分に載っている物語で、イザナキとイザナミの間に生まれた子が、脚の立たない障害児であったため葦船《あしぶね》に乗せて棄《す》てたとある。この記述をもって昔は障害児を遺棄していたと読めるが、まったく逆であろう。それは当時の政権が障害児を遺棄するようにした政策を反映しているのであり、それまでは棄てるということではなかったと考えられる。そして『源平盛衰記《げんぺいじょうすいき》』（鎌倉時代）や『太平記』（南北朝時代）などに、海を領する神である蛭子《えびす》（夷、恵比寿など）として西宮神社大明神になったと記載されているように、日本の民衆は障害児を大事にした。今日でも、障害児を宝子、福子、福虫などと呼び大事にする風習がある（高谷清『支子《しし》——障害児と家族の生』（労働旬報社、一九九六）に「流された水蛭子はどうなったか」と題して掲載している）。

遺伝性疾患については、悪い遺伝子のためと考える人もあるが、遺伝子にはよいも悪いもなく、生物のそれぞれの種《しゅ》の存在にとって必要な情報であり、多様な遺伝子の存在によって生物種が保たれ存在している。また遺伝子の組み合わせによって個体に多様性があり、ある個体は生存や生活に不自由をきたす状態がおこる。そのような状態を引き受ける個体があることによって、その生物種の生存が維持されているという関係にある。いわばその生物種の生存を守っている「戦士」と言ってもよいのである（髙谷清「障害児が存在することの意味」『ひと』一九九一年一一月号、太郎次郎社）。

「わかる」ということ

この節で、本人の母や他の人に対する様子を書いた。これを読んでいただくと、「けっこう反応があるのではないか」と思われるだろう。しかし実際の本人の姿は「なにもわかっていない」「なんの反応もない」「なんの変化や感情もない」と見える状態である。

職員もなじんでくると、反応があるのがわかってくる。最初は、これは職員が慣れてきて本人の細やかな反応がわかってくるのであろうと思っていた。実はそうではなく、本人がなじんできた職員に対して「反応」するようになってきたというのが実際の様子であった。本人が安心する、安心して自分を出せる、表現するということであり、そのことによって、その職員は「本人が反応している」と感じる。もちろん、本人が意識的に「反応」しているのではなく、安心して「からだ」がそのように反応しているのであり、それは

「こころ」も安心して自分を出しているという状態でもあろう。

いつも世話をして身近にいる母に対しては、とくに「安心しあっている」「信頼しあっている」関係にあり、その関係は、生きていることが「気持ちよい」という状態ではないだろうか。そして、その関係が母以外の人とも存在するようになるということであろう。本人と職員など他の人とも「こころ」が反応しあっている、つながってきたと言える。こうした状態を母は「わかっている」と表現しているのであろう。ここに「人間の関係的存在」があると思うのである。

たいていの場合は、母が養育をおこなっているが、家族の他の人に対する反応はどうであろうか。

最初のEくんのばあいは、お母さんがつきっきりで世話をしており、お父さんは仕事でEくんと接する機会は少ない。Eくんはお母さんに対しては、からだを軟らかくして、表情も柔らかい。お父さんは子煩悩《こぼんのう》であるがその接し方は武骨であり、そしてEくんは身体を緊張させるという風に、お母さんとは違った身体状態で応えている。二人の姉がいるが、それぞれの関係を反映して本人の反応は異なっているのである。

Nくんのお父さんは、面会に来ても無口でベッドの傍らに気持ちを込めて座っておられるが、それに対応してNくんも行儀よく横になっている。

Yくんのばあいは、お父さんが、お母さんと同じくらい世話をしていたためであろう、Yくんの対応はお父さんに対してもお母さんに対するのと同じである。よくいっしょにいた一歳上のお兄さんに対しては一番喜ぶ。

最後のHくんは、お父さんとお母さんに対する雰囲気が違う。それにお父さんが仕事で忙しく疲れていたときと、退職し余裕ができた今とはまた違う。これは本人が変わったのではなく、お父さんの気持ちに余裕ができて、それに伴って本人のお父さんに対する気持ちが違ってきたのであろうと思われる。

「反応」ではなく、「人間関係」

次のような経験もした。障害の重い子は飲みこみがうまくいかず、チューブ栄養（経管栄養）になる。定期的に交換するこのチューブの挿入が、体の変形や筋緊張のせいでうまくいかないことがあり、そういうときお母さんにやってもらうと、かんたんに入ることがある。

医師や看護師はいろんな人にその行為をしなければならないが、お母さんは自分の子に対してだけだから慣れているのだ、と思っていた。しかしお母さんが挿入しているときには、本人の身体がそれほど緊張していないし、気持ちが安心しているように見える。チューブの挿入を受け入れているのである。医師などが一方的に挿入しているのとは異なり、母と子が協力しあって挿入が可能となっていると感じる。

前項から述べてきたような関係は、重症心身障害児(者)以外のさまざまな障害者、高齢者介護においても同じであろう。医療処置でも介護でも、「する人」が「される人」に一方向的におこなうということではなく、「(ケア)する人」と「(ケア)される人」が協力しあって、関係しあって成り立っていくものであろう。

ここに人間の協力関係が生まれ、人間的ふれあいとなり、こころが通いあい、人が助け助けられあって生きていく喜びになっていくものであろう。もちろん、そのことが順調におこなえるような社会的保障が必要であるのは言うまでもない。

ここでは、四人の重い障害のある子ども、そして今は成人しているのであるが、心身の重い障害は同じようにあり、身体機能的には胃瘻などによる経管栄養や、気管切開、喉頭気管分離をおこなったり、人工呼吸器の使用などが必要になっている人について述べた。成長や環境の変化に伴って、人と人の関係は家族だけでなく広がっているし、その関係も深くなっている。

ここまで、「反応」という言葉を使ってきたが、これは一見「反応」があるかどうかわからないという外見があり、「反応」があるということを強調してきたことによるのであるが、ここまで書いてきたように、それは「反応」というよりは「人間関係」と言ってよい人と人との関係なのだと思う。

お母さんが世話(介護)をすることが多いので、お母さんとは一体的な状態があるが、その介護を主としておこなうのが他の人であれば、その人と親密な人間関係が生まれるであろう。それはここに記述した少ない経験からでも感じることである。親しい人とは親しい関係や表現になるし、きょうだいにはきょうだいの、ちょっとこわい権威のある人や友だちとの間でも、それぞれの関係が反映される。そしてそれは、人間社会でふつうにある状態であり関係である。

そのあたりまえのことが、重症心身障害児(者)と他の人との関係でも、あたりまえに存在するということなのだろう。「反応」ではなく、「人間関係」ということで理解していかねばならないのだと思う。

最後に、Eくんとある訪問看護師との関係について書いておく。訪問看護制度を活用してから、多くの看護師が入れ替わってきたが、家族から聞くと、訪問する人によって本人の反応がまったく違うということである。

まず本人がたいへん喜び、その人が玄関に入って部屋に近づいてくる足音が聞こえると、首を伸ばして待っている看護師がいる。その人は、一時間半のあいだ、Eくんと「しゃべって」いる。「○○さんに携帯メールしてみようか」「どんなことを書く」などと話しているこどもある。もちろん本人はその内容を理解していないであろう。しかしうれしそうなのである。お母さんも、二人の「会話」が聞こえてくると、うれしい気持ちになるし、楽しいし、やはりその訪問を待っているのである。

一方では、的確に介護的処置をおこなうが、本人と「しゃべる」ことなく、業務をすませていく人もいる。本人は反応しない。お母さんも淋しいのである。

人間と人間の関係にとって大事なことは、どういうことなのかがわかる話である。

6　人間的存在――協力・分配・共感

「自己」としての存在

この人たちは、脳に重大な障害を受けたために心身の重い障害をもち、理解する能力が損なわれ、身体を自由に動かすことができない状態にある。年齢を重ねても「自己意識」は育っていないことが多いと考えられる。しかし、「意識」は育っていないかもしれないが、「自己」は育っている。

「自己」とは何か。この人たちは重い障害があるが、感覚があり、身体があり、外界とつながっている。「自己」は、感覚や身体を通じて外界の環境の影響を受け、彼を介護し身体の維持にとりくみ、こころにはたらきかけている他者からも大きな刺激を受ける。そこに「快」や「不快」が生じる。「自己」は、それらを感じ変化していく。原初的な「快」や「不快」は、徐々に複雑な感覚になり、やがて感情といえる何かが育っていくであろう。

この人たちは、そうした「自己」があり、本人が意識しようがしまいが、人間として人間のなかで育ち、変化し、そこに「快」を感じ、「自己」として存在する。

脳の損傷のために、存在し変化する「自己」を意識する「自意識」は育ちにくいであろう。しかしそれは「人間として存在していない」ということではない。その人は人間の関係のなかで、一人の人間として「自己」が育っているのである。その「自己」の育ちによって、その人をとりまく人びとの意識も育つ。重い心身の障害のある人が「人間」として存在していることを感じ、ともに人間として生きていくという気持ちが育つのである。

この状態については、近江学園、びわこ学園を創設した糸賀《いとが》一雄《かずお》が深く記述しているが、第5章1で述べる。

「いのち」「からだ」「こころ」そして「脳」

「いのち」そのものは、姿かたちがない。「いのち」は「からだ」とともにある。そして「いのち」は「こころ」をもっている。「こころ」は、「からだ」の動きや表情、声、そして言葉で「こころ」自らを表現する。人間は、七〇〇万年前と言われる出現当初から弱い生き物であったから、お互いに「協力・分配」して、「共感」しあって自然界にはたらきかけ、「からだ」と「こころ」を発展させた。そしてこころの表現はだんだんと豊かになり、巧みになり、「ことば」も発展させてきた。そのような経過のなかで、さらにお互いに「共感」することが深くなった。そうしたことで「脳」が徐々に形成され、そして今度はそのことによって「からだ」と「こころ」のはたらきが変化、「向上・発展」した。

「脳」は「からだ」や「外界」(自然環境、社会環境、人間関係)からの「刺激」(情報)を得て、「からだ」や「こころ」の反応をおこす。

「反応」は「反射的」から「統合的」になった。「脳」は、「からだ」や「こころ」の「統合的器官」となり、過剰にも「中枢」と呼ばれるようになった。「中枢」には、情緒、感情、知能が発展したとされる。意識も発展し、「意識」が「意識」されるようになり、「自意識」が生まれた。

ある人びとは、この「自意識」こそが人間である証《あかし》だという。だが人間形成の過程を考えてもそうではない。人間の「自意識」や「理性」といわれるものは、人間が「からだ」を使って、「協力」し、得たものを「分かちあう」ことによって「こころ」を豊かにし、

「共感」する「こころ」を育ててきた。けっして突然「脳内」に「自意識」や「理性」が生まれたのではない。「協力・分配・共感」という基盤があってこそ「人間」が形成されてきたのである。

個々には「障害」のために「自意識」や「意識」が育たないこともあるであろう。だが重い障害のある人とのあいだで、人類が経験してきた「協力・分配」がなされ、「共感」することにこそ人間の特質があり、協力する人も、される人も人間として存在し、それぞれに人間的な「こころ」が成熟していくのであろう。

脳の役割とは

身体器官は、心臓・肺臓・肝臓・腎臓・膵臓《すいぞう》・脾臓《ひぞう》・胃腸・膀胱《ぼうこう》などの内臓、目・耳・鼻・舌などの感覚器官、外界から隔て守り感覚機能も有する皮膚、身体を支え運動をつかさどる骨・筋・関節、それに生殖器、口腔内組織、骨髄、血管系、神経系、内分泌系、免疫をつかさどるはたらきなどさまざまな機能があり、それぞれの役割をもつ器官・機能が総合的にはたらくことによって支えられている。それぞれの器官が総合のなかで独自のはたらきをもっているように、「脳」という器官は身体機能、精神機能を「統合する」という独自の役割をもっている。それはけっして他の器官やはたらきを「支配」している「中枢」器官ではなく、「統合」するという役割を有しているのである。

器官的には「脳」が、そして機能的には「自意識」や「理性」があるから人間ということではなく、人間の各器官が総合的に有機的にはたらくことが大事であり、それぞれの臓器、器官がその役割を果たしているように、脳は「統合する」という役割を分担しているということである。脳を含む個々の器官のはたらきには個体差があるのはいうまでもないが、それら全体によって人間なのである。「からだ」も「こころ」も、そして「脳」も含めて、「いのち」であり、「人間」であり、そのことが大事なのである。

第３章

重症心身障害児施設の誕生

―とりくんできた人たちと社会―

こうした重い心身の障害のある子どもたちへのとりくみは、日本においてどのように始まったのであろうか。現在に至るも世界的に重い心身障害のある子に対する特別なとりくみがなされていない、あるいは少ないことを考えると、日本でのとりくみの経過や意義を明らかにしていくことは大事であろう。

無謀な戦争(第二次世界大戦)によって、国土は荒廃し、産業は破壊され、文化は衰退し、兵士として駆り出された多くの日本の青年が、国外の戦場で人を殺すことを強要され、自らも死んでいった。国内でも二発の原子爆弾や各地の爆撃で多くの人が殺された。一九四五年(昭和二〇)、敗戦後の日本では、住居は破壊され、食糧は乏しく、人びとは生きるのに必死であった。巷《ちまた》では親を亡くした子どもたちが食べ物を求めて徘徊《はいかい》し、駅頭や公園のベンチなどで寝ており、戦災孤児や浮浪児などと呼ばれていた。そのなかには障害のある子も混じっていた。多くの大人たちは自分が生きるのに精一杯で、その子たちは放置されていた。

このような日本で、重症心身障害児につながるとりくみを、それぞれの立場で始めた人たちがいた。

1　小林提樹と島田療育園

二組の家族

小林提樹《ていじゅ》は、一九〇八年(明治四一)三月二三日、長野県の更級《さらしな》郡稲里《いなさと》村(現・長野市稲里町)で生まれた。一九二一年(大正一〇)旧制長野中学入学。一九二七年(昭和二)慶応義塾大学医学部(予科)入学。三年生の夏休みの終わり頃に発熱が続き、肋膜炎《ろくまくえん》と判明し休学した。この間、次兄の影響もあってキリスト教の洗礼を受ける。一年後復学し、一九三一年四月、慶応義塾大学医学部(本科)進級。卒業後、小児科教室に入った。

一九三八年、心身障害児にはじめてとりくんでいた先輩の小川三郎医師が転勤になり、小林が引き継ぐことになった。この頃は、障害児の診療は、未開拓の分野であり、手探りで診療する毎日であった。

診療を始めてまもなく、小林のその後の行方に大きな影響を与えた二組の家族が訪れた。一九三九年、東北の地から親子五人が上京し、旅館に宿をとって診察を受けにきた。長子は、激しい行動障害のある知的障害児であった、第二子は多発奇形を伴う知的障害、第三子にも知的障害があり、てんかんを伴っていた。小林は一週間のあいだ毎日診察したが、なにもわからなかった。

東北へ戻った両親から、「治らない障害であるとわかったら、心中するつもりでした」との手紙が届いた。小林は大きなショックを受け、医療ばかりに目を奪われていた視点が、「障害児とその家族」という広がりをもつようになった。また、なぜ心中をしなかったのかを考えて、ただ親身になって努力したためではなかったかと心に期するものがあった。

一九四〇年、程度の強い小頭症の赤ん坊を抱いた中年のお母さんが診察を求めてきた。小林は重い障害であることを説明し、一応納得したはずの母親は一〇日後ふたたび小林の前に姿を現した。驚いた小林が尋ねると、その後大病院を巡ったが、どこでも重度の障害児であるとは聞かされなかった。本当に重度の障害児なのか、もう一度お聞きしたいと泣きむせぶのである。小林は、この重い障害のある子と家族に対して医師としてすべきことがなく、必要なのは社会保障が充実されねばならないこと、社会体制そのもののあり方が問題であることに目覚めたが、当時は軍国主義の時代であり口にだすことができず、心の奥に秘めた。

一九四一年夏、軍隊に徴集され「満洲（中国東北部）」に軍医として送られた。一九四四年六月、南方への移動命令があり、船で灼熱《しゃくねつ》の沖縄に渡った。沖縄では空襲に遭い、翌年一月、台湾への移動命令がくだる。潜水艦からの攻撃に緊張しあちこちの島に隠れながら基隆《キールン》港まで一四日かかった。八月一五日、生きて終戦を迎えられたのは僥倖《ぎょうこう》としか言いようがなかった。一九四六年一月、帰還となった。

障害児外来を開く

帰国した年の四月から、日本赤十字社産院小児科に勤めることになった。一九四八年（昭和二三）になると障害児も多くなり、小林は慶応病院で週二回、そのうえ一九五〇年から日赤産院小児科で週二回障害児相談を開いたが、さばききれない人数であった。さらに慶応大学小児科講師に就任したため、一般小児科の外来と入院の責任をもち、その後日赤産院内に乳児院と障害児病棟をつくることになり、多忙をきわめた。

敗戦後は、どの町にも捨て子が見られた。また産院で産んだまま母親がいなくなった。そのなかには障害のある子も多く、それらの子を小児科病棟で育てることになった。小林は子どもらの食べるものを求めて、リュックを背負って闇買《やみが》いに出かけるのであった。

一九四八年一月に施行された児童福祉法が時宜《じぎ》に適《かな》い、同年七月に設置された日赤産院内の乳児院で、乳児たちは法的に守られることになった。しかし、乳児院は一歳まで(必要あるときは二歳まで)のため年齢超過児は許されず、また「健康な乳児」が対象のため、障害児は認められなかった。

「健康保険」では「治療の見込みのないもの」は保険診療に値しないとされ、障害児は病院への入院を認められなかった。そのため障害児を無理にでも乳児院で養育せざるをえなかった。一九五〇年には小児科の二階に特別病棟を開設し、名札もつけずこっそりと障害児を入院させていた。

外来の診察時間だけでは家族に説明する時間がとれないため、一九五五年外来を受診している障害児の家族を対象にして、第二土曜日に月例の集まり「日赤両親の集い」を始めた。第一回は七月九日、一五名の参加であったが、翌年から教育、福祉関係者も含めて参加者が増えていった。一九五六年には、月刊『日赤両親の集い』会誌を発刊。小林は、九七号まで毎月ほぼ一人で、何人もの筆名を使って書くという超人的な執筆をおこなう。

社会に訴える

秘密にしていた障害児の入院も隠しおおせるものではなく、一九五五年、国は「健康保険」適用を停止した。引き取りが無理な家庭もあったが、小林は涙をのんで断行。二十数名のうち半数の「健康保険」で入院していた子が退院となった。ほとんどが重い障害のある子であった。

小林はこのとき、「万一この家庭で障害児殺し、あるいは一家心中があれば、当然当局のみなさんに責任をとってもらいます」と怒りの言葉を発した。残り半数の「生活保護」制度による入院の子に対しても退院を迫られた。この子らの多くは「捨て子」で重い障害もあり、行くところがなかった。

そして一九五七年一月、「生活保護」を受けていた子に対して「医療扶助取り扱いの停止」通知が届いた。追い詰められた小林は、名札もかけないというそれまでの閉鎖的なやり方を止め、公開して社会に訴える方向に転換した。おだやかで人との争いを好まず、目の前の障害児を放っておけず、あらゆる労苦を自らに課してとりくんできた小林であったが、社会に訴える以外にないと決意、敢然《かんぜん》と乗り出したのであった。

この年一月、全国乳児院研究協議会で「重複欠陥児の処置と対策」を訴えた。五月、全国社会福祉大会で「(この子たちが)児童福祉法によって措置されない矛盾」を叫んだ。一〇月「重症欠陥児対策懇談会」として厚生省、東京都、その他有識者など六八名を日赤乳児院講堂に集め協議の場をもった。このときの入院児は二一名で、ほとんどが「生活保護」を受けている子で重度の心身障害があった。

協議の結果、違法であるけれども大目にみるということで、とりあえずは黙認ということにされた。このときに小林が作成した「入院児」の一覧表があるので一一四ページに載せる。たいへん重い障害があるのがわかるし、「家庭状況」を見てもらうと戦後の悲惨な状態が続いていること、養育者がいない状態であることも一目瞭然である。

一九五八年四月の東京都社会福祉大会、六月の全国社会福祉大会でも訴え、「重症心身障害児対策委員会」(このときはじめて「重症心身障害児」の言葉が使われた)の設置が議決された。この第一回の会議は一一月に開催され、「新しい概念に基づく入所施設を創設し、ここに児童福祉法の運用からもれている児童を受け入れる」という方針で関係方面にはたらきかけることになった。

島田療育園建設へ

島田良夫という子がてんかんと知的障害、行動障害のために小林の外来診療を受診したのは、一九五〇年(昭和二五)一〇月であった。長ずるにつれ家庭での養育が無理になり、両親は小林の勧めもあって、同じ悩みをもつ人たちと施設をつくりたいと考えるようになり、小林といっしょに土地を探しまわった。障害児がくるのは困るという反対が多く、なかなか決まらなかったが、当時は辺地だった多摩村(現・多摩市)にやっと売り地を見つけた。良夫の父の島田伊三郎は、一九五七年六月に約一万坪(三万三〇〇〇平方メートル)を買収した。一九五八年一一月、小林は「日本心身障害児協会」を発足させ、翌一九五九年「財団法人」になった(一九六三年から社会福祉法人に変更)。九月、島田は土地を協会に寄贈

児院の子どもの状況　　　昭和32年(1957)10月31日調べ

措置	現在の状況				
	IQ(DQ)	運動	大小便	自ら摂食	言語
生活保護	検査不能	寝がえり可能	意識なし	不能	なし
生活保護	検査不能	寝たまま	意識なし	不能	なし
生活保護	検査不能	起座可能	意識なし	不能	なし
有料	検査不能	起座可能	意識なし	不能	なし
生活保護	40	歩行自由	自立	自立	単語
生活保護	34	歩行少し可能	自立	自立	単語
生活保護	検査不能	歩行可能	意識なし	不能	なし
健康保険	9	歩行やっと可能	意識なし	不能	なし
生活保護	18	歩行可能	意識なし	不能	なし
生活保護	検査不能	寝たまま	意識なし	不能	数語
生活保護	検査不能	寝たまま	意識なし	不能	なし
生活保護	検査不能	起座可能	教える	不能	なし
無	71	起立可能	意識なし	自立	数語
生活保護	検査不能	寝たまま	意識なし	不能	なし
生活保護	検査不能	寝たまま	意識なし	不能	なし
生活保護	20	起立可能	意識なし	不能	なし
生活保護	24	起立可能	意識なし	不能	なし
健康保険	検査不能	寝たまま	意識なし	不能	なし
生活保護	23	寝たまま	意識なし	不能	なし
生活保護	80	寝たまま	意識なし	不能	なし
健康保険	検査不能	寝たまま	意識なし	不能	なし

2，1988年より「入院異常児の一覧表」

小林提樹作成，日赤乳

生年月日（昭和）	入院月日（昭和）	病　名	家庭状況
23. 8.16	25. 8.28	髄膜炎後遺症（白痴，てんかん，盲）	離婚，養育意志なし，父犯罪，服役後死亡
24. 9. 9	27. 3. 7	日本脳炎後遺症（盲，聾，白痴，脳性まひ）	貧困，混血児
25. 4.19	28. 8. 1	結核性髄膜炎後遺症（盲，聾，白痴）	貧困，父死亡，母結核
19.12.15	28.12. 3	てんかん（白痴，弱視）	米国国籍，両親は二世
27. 8.12	29. 1. 4	アペルト病（手足及び頭部の奇形，精薄）	棄児（神奈川県下乳児院より），混血児
26. 8.19	29. 8.28	蒙古症（精薄）	貧困，母死亡，父身体障害者
26. 2.12	29. 9.24	てんかん（白痴，自動運動）	棄児（神奈川県下乳児院より）
24. 3.17	29.11.15	てんかん（脳性小児まひ，精薄）	父結核，母勤務
27. 1.26	30. 6.15	てんかん（反すう，精薄）	離婚，父行方不明
25. 2.19	30. 8. 8	脳性小児まひ（精薄）	父結核，母死亡
24. 6. 6	30. 8.20	疫痢脳炎後遺症（脳性小児まひ，白痴）	両親死亡
24.12.20	31. 1.13	脳性小児まひ（精薄）	貧　困
30.12.21	31. 2.25	多発性奇形	養育の意志なし，おきざり子
28. 5.13	31. 5. 9	日本脳炎後遺症（白痴，脳性小児まひ）	父服役中，母行方不明
29. 6.16	31. 7.30	脳性小児まひ（白痴）	貧困，母行方不明
28. 2. 8	31.11.12	白痴（大頭症）	両親死亡
28. 7.13	32. 4.20	自閉症（栄養失調症，ホスピタリズム，精薄）	貧困，父死亡，母結核入院
32. 3. 1	32. 5.25	小頭症，栄養失調症（精薄）	養育困難
32. 1.29	32. 7.19	栄養失調，奇形（精薄）	貧　困
32. 5.19	32. 8.31	上蓋破裂，栄養失調症	貧困，離婚
18. 3.23	32. 9. 5	結核性髄膜炎後遺症（盲，ろう，白痴，てんかん）	父死亡，養育不能

（出典）小林提樹「重症心身障害児に学ぶ」『重症心身障害研究会誌』No. 13–
（注）病名等に関する用語は，当時用いられた用語のまま示してある

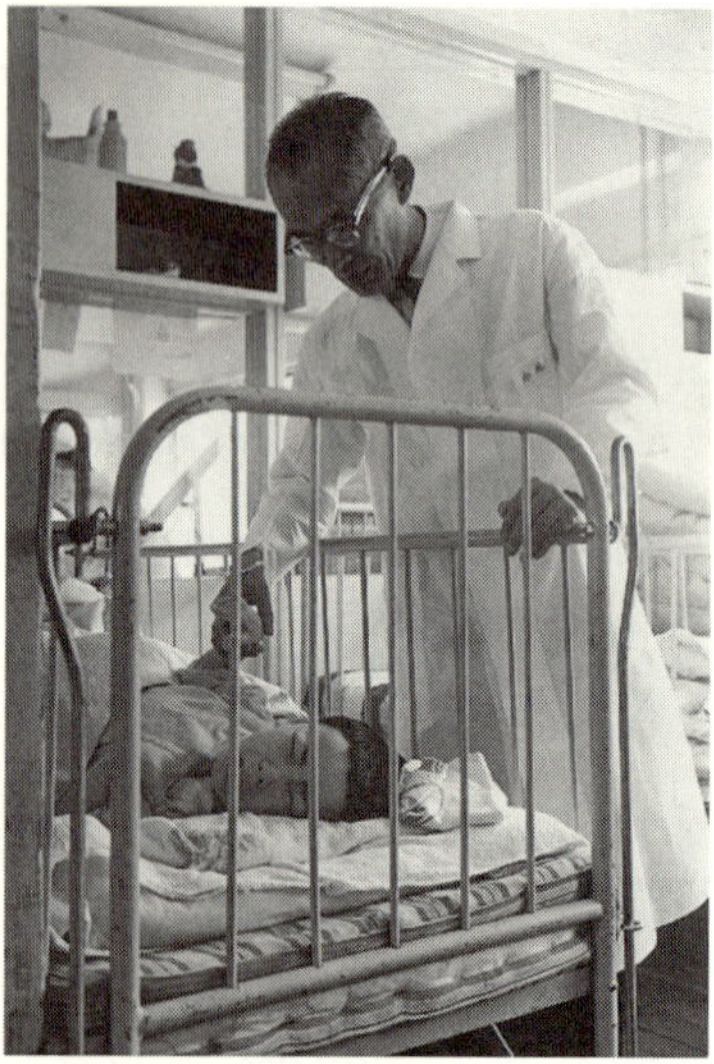

小林提樹．秋田から来たてっちゃんと手で語る（1965 年）．島田療育園

し、小林に協力して療育園の建設にとりくんだ。なおこの年の七月、あとで述べる秋津療育園が開設されている。

小林は島田療育園建設の多忙な準備の傍《かたわ》ら、一九六〇年に医学的に啓蒙する必要を感じて「小児精神神経学研究会」（現・日本小児精神神経学会）を立ち上げ、その後、一九七五年には「重症心身障害研究会」（現・日本重症心身障害学会）を発足させた。いずれも今日まで継続、発展している。

小林提樹が重症心身障害児施設の建設に向けて努力しているころ、後に述べるように草野熊吉、糸賀一雄もそれぞれ「重症心身障害児施設」創設への努力を重ね、関係者にその支援を求め、さらに児童福祉法の改定のために国への訴えを繰り返していた。

島田療育園は、「日本心身障害児協会」が集めた寄付（一五〇〇万円）によって、一九六〇年九月に建設が開始された。

この頃、厚生省ではこの施設をどのような性格のものにするのかという議論がなされていた。その結果、病院形態として運営することにし、さらに施設としての位置づけもおこなうことになった。まだ法律的根拠はなかったが、医療と福祉の二重の性格をもつものとして位置づけられた。

一九六一年五月一日、重症心身障害児施設「島田療育園」（現・島田療育センター）が開園し、小林が園長になった。開園した一九六一年度には重症心身障害児療育研究委託費という名称で、国家予算から四〇〇万円が計上されることになった。翌年度には六〇〇〇万円が付いた。

福祉は、社会復帰に役立ち、社会への見返りが得られる人が対象であり、この子らに出す金は「どぶに棄てるようなものだ」と公然と言われていた。しかし、今や「常識」が変わろうとしていた。また医療というものは「病気を治すためや軽減するためにするもので、治らない障害に医療はいらない」という「考え」も揺れ動いてきたのであった。

2　草野熊吉と秋津療育園

「不具」の苦悩

草野熊吉は一九〇四年（明治三七）一一月二六日、福島県田村郡夏井村（現・田村郡小野町）で生まれた。小学校入学直前の二月、新しい下駄《げた》を履《は》いてころび、左足首を強く捻挫《ねんざ》した。母があちこちの医院に連れて行ったがよくならず、足を引きずって歩くようになった。さらに中学生のときに、古い石垣から飛び降りて崩れた石垣の下になり、悪いほうの脚を骨折した。経過ははかばかしくなく二年後に手術したが、以後片方だけの松葉杖をつくことになった。このことによって仕事を得ることもできず、「ちんば」と侮《あなど》られたいへんな苦労をすることになる。食べるものがなく、寝る場所がない時期もあったが、そのことが後に「秋津療育園」開設につながっていく。

息子の怪我《けが》による「不具」は、母親にとっても今日での想像をはるかに超える苦痛であった。息子に対する愛情と心痛はどの時代でも変わりはない。だがこの時代は、息子が

「不具」になることは、母親の責任とされ責められるのであった。それは御国のために戦争で報いることができないようにした、という非難である。熊吉は長男であるが、故郷に戻ると母親に辛い思いをさせるということで帰らず、本家の家督は三男が相続した。

中学時代の入院中に知りあった、アメリカの宣教師アキスリングから洗礼を受けたのは、二四歳になってからである。草野は障害者のおかれた状況に関心をもつようになり、障害者は肉体労働ができず仕事がなく、学校にも行けなかったために文字も書けない人が多いことを知った。また、偏見をもたれ差別視されており、ひっそりと人に知られないように貧しい暮らしでしのぎ、ひがみも強くなるのに気がついていた。祭りなどで障害者が見世物にされているのを知った。障害者を大道でさらしものにしたくない、障害者が安心して暮らせる施設をつくろう、障害者が受け入れられる社会にしたいというのが、障害の辛さが身に沁みた草野の悲願になった。

皇居の堀に身を投げる母子

一九四一年（昭和一六）一二月、太平洋戦争が始まり、翌年アキスリング宣教師はアメリカへ強制送還された。草野のところには徴用《ちょうよう》令状がきた。戦争が激しくなり、男性は戦争にとられて、国内は年寄りと女性・子どもだけになっていた。そのために、身体障害者である草野まで徴用され役所勤めとなった。司法省であった。

そこで敗戦まで勤務することになり、戦後は新設された家庭裁判所の調停委員として嘱託を受けた。アキスリング宣教師も日本に戻ってきた。

調停委員の仕事のなかで、草野は離婚の申し立てに障害児を抱えた家庭が多いことに気づいた。障害児を産んだということで、母親が離婚されるのである。夫婦仲がよくても夫方の親戚からは、うちの家系には障害者はいないと離婚を迫られ、やむをえず、嫁にやった娘だけを実家が引き取り、子どもは放置されることもあった。草野は、調停をしても「血統」ということが前面にでてくるとどうしようもないと感じていた。

あるとき、赤ん坊を抱えた母親の投げやりな暗い姿が、乗り降りするはずの新橋から反対の方向へ向かったのを見て、担当の森田判事は、草野に「危険だからあとをつけろ」と命じた。つけていくと、進駐軍の総司令部のある明治生命館ビルをまわり皇居前の堀に身を投げた。アメリカ兵たちが飛び出してきて救い上げた。

母も子も助かったが、この子がいる限り解決の方法はない。話を続けてもどうしようもなかった。考えていてだんだんと行き詰ってきた草野は、「おれが引き取る」と腹立ちまぎれに叫んだ。

家の前に重い障害のある子が

その頃、草野夫婦はスラム街に住み、住民の生活支援をしていた。近くのおんぼろの建物を借りて、引き取った赤ん坊を身寄りのないおばあさんに頼んで育ててもらった。だが障害のある子をどうやって育てたらよいかわからず、ミルクもなく米をすり鉢ですって与えた。やがてその子は亡くなった。草野は、自分が殺したのだと自責の念に苛《さいな》まれ、懺悔《ざんげ》の気持ちでなんとしても障害のある子どもたちが安心して生活できる施設をつくろうとこころに誓った。

当時、肢体不自由児の施設や知的障害児の施設はおいおい整備されてきたが、いずれも訓練を受けることで社会に自立していける子が対象であった。施設は自立訓練のために入るというのが国の考えであり、身体障害と知的障害を併せもつ重複障害児はまったく相手にされなかった。

『毎日新聞』に、このいきさつと草野のことが小さく報道されると、翌日から問い合わせや相談が続いて草野は驚いた。ある朝目覚めると、草野の貧しい家の前にねんねこに包《くる》まれた子が置かれていた。子どもは、重い障害があり声も出せないのであった。やがて子どもは二人、三人と増え、六人、七人になった。

どうにもならなくなった。東京都に生活保護を出せないかと相談しても、どこの誰かもわからないのに出せないと追い返された。住んでいた秋津町（現・東村山市）には頼る人もなく、どこかの流れ者がばかなことをしていると相手にされなかった。夫婦で、宣教師からのポケットマネーを集め、進駐軍からミルクをもらってきて一日を過ごした。

NHK「日本の素顔」で大きな反響

草野は成功して有名になっていると評判の高い同郷人の会社を訪ねたが、相手にされずどうしても会えなかった。毎日会社の玄関の階段に座り、出てきたらつかまえようと待っていた。

ある日、カメラを肩にかけた青年が、「お疲れですか」と、声をかけてきた。「いつもここでお見かけしますが」ということから、問われるままに事情を話した。数日後、大きなカメラの前で詳しく事情を聞かれ、ありのままの子どもの姿を見てもらった。そのとき、青年たちはＮＨＫであると言ったが、草野の家にはテレビもラジオもなく、ＮＨＫがなんであるかも知らなかった。

しばらくして「日本の素顔」としてテレビで放映され、大きな反響があった。三回放映がなされ、ものを送ってくれる人があり寄付金があいついだ。ＮＨＫの青年たちは、うれしそうにそれらをもってきた。

草野は、やめるとか引くとか言えなくなった。障害のある子どもの相談は増えるばかりであった。草野には金はまったくなかったが、西武鉄道の秋津駅の近くに、博慈会の療護ホームが空き家になっているという知らせがあり、交渉して借りることができた。

この頃、重い心身の障害のある子にとりくんでいるという小林提樹のことを知って会いに行った。島田伊三郎にも会った。また近江学園の糸賀一雄とも連絡がとれた。

草野熊吉．7年来交流のあったベルギーのドミニク・ピール神父（ノーベル平和賞受賞）を迎えて（1968年）．秋津療育園

着流しの男

草野は、借りた空き家を「秋津療育園」と名づけた。一九四八年（昭和二三）一月に施行された児童福祉法には「重症心身障害児」の規定がなく、そのため「障害児の昼夜保育所」の名目で、一九五八年六月に開園するつもりで申請していたのだが、認可が得られなかった。東京都や厚生省に毎日のように相談し、病院なら許可できると助言を受け、急遽建物内部を改装し、翌一九五九年七月二二日に二一名定員の「秋津療育園」として開園式をおこなった。

開園当時、水道はなく手押しポンプの井戸であったし、都市ガスもなく炊事や暖房は練炭《れんたん》で、風呂は林の枯れ枝を拾ってきた。もちろん電話もなかった。

一九六三年三月、髪の毛はぼうぼう、着流しにへこ帯をしめて下駄を履いた男が、施設を見せてほしいと草野を訪ねてきた。名前を言ったが、草野は何者かわからなかった。「まあ、見なさい」と施設の入り口に連れて行くと、男は立ち尽くして二時間近くもじっと見つめていた。

「また、くらぁ」そう言って帰ったあと、草野の妻が、「あの男、しょうべんをたれて帰った」と言うので、草野が見に行くと、男が立っていた地面が濡《ぬ》れていた。「これは涙だ」。草野はとっさに男の様子から悟った。

男は、『雁《がん》の寺』や『五番町夕霧楼』などで有名な小説家の水上勉《みずかみつとむ》であった。数カ月後の『中央公論』(一九六三年六月号)に、水上勉の「拝啓池田総理大臣殿」が掲載された。重症心身障害児施設である島田療育園に対する国の予算が自分が納めている税金よりも少ないという内容を含め、いかに日本の国がこの子らを放置しているかを訴えた文章であった。水上の訴えによって世論は大きく動き、政府に影響を与えた。

俳優の森繁久弥《もりしげひさや》、伴淳三郎《ばんじゅんざぶろう》、評論家の秋山ちえ子などが「あゆみの箱」献金を呼びかけ、翌年には産婦人科医の遠矢善栄《とおやよしえ》が「おぎゃー献金」運動を出発させた。

島田療育園が開園の年（一九六一年）に重症心身障害児療育研究委託費という名称で国家予算から四〇〇〇万円、一九六二年には六〇〇〇万円計上されたことはすでに述べた。その後一九六三年からは島田療育園とびわこ学園（一九六三年発足）は、重症児指導費（一人日額五五円六一銭）と療育指導費（一九六三年度のみ、一八三円五銭）の支給対象となった。

しかし重症心身障害児施設の最低規模が四〇名とされたため、定員二一名の秋津療育園は認められなかった。翌一九六四年、日本自転車振興会からの補助で新たな建物が完成し四九床となり、開設五年目にやっと重症心身障害児施設として認められることになった。

3　糸賀一雄とびわこ学園

二人の同志

糸賀一雄は、一九一四年（大正三）に鳥取市で生まれた。中学校は自由な校風で知られていた鳥取第二中学校（現・鳥取東高校）に合格した。医師になる希望をもち、一九三〇年（昭和五）松江高校（現・島根大学）理科に入学。しかし自分の将来に悩み、在学中に洗礼を受け宗教哲学を志望し、京都帝国大学文学部に入学した。指導教官の波多野精一《はたのせいいち》教授は、ギリシャ哲学から始める宗教哲学の歴史的、体系的な構築を成し遂げ、その後独自の「宗教哲学」の確立に全力を傾注していた。

卒業すると同時に、京都市の第二衣笠《きぬがさ》尋常小学校の代用教員として赴任した。この小学校で教鞭をとっていたのが池田太郎で、糸賀は池田とはすぐに親しくなった。池田が師事していた、当時京都帝国大学文学部哲学科助教授であった木村素衞《もともり》の自宅に出入りするようになり、その教育哲学から大きな影響を受けた。その後池田の紹介で田村一二《いちじ》と出会い、この三人が敗戦後に「近江学園」を創設することになる。なお木村素衞は西田幾多郎《きたろう》の弟子である。

糸賀は第二衣笠小学校で二年目の教鞭をとっていたが、木村素衞から強く勧められ一年九カ月で滋賀県庁に奉職する（一九四〇年一月）。敗戦に至る六年間の激務のなかで身体を壊し、琵琶湖畔で療養生活に入る。巷では、戦災で家族を亡くした子、外地から引き揚げてきた子らが「浮浪児」となり街を徘徊していた。この状態にこころを痛めた糸賀一雄、池田太郎、田村一二は、家族を失った子らのために「近江学園」を創設する(一九四六年)。場所は滋賀県からの提供で、琵琶湖の水が流れ出る瀬田川沿岸の使わなくなった古い料亭の建物であった。

近江学園創設

開園式は一九四六年(昭和二一)一一月一五日に決まった。糸賀が作成した「近江学園要覧」には、「戦災孤児及び生活困窮児は、(中略)街頭に、あるいは駅頭に食を求めて放浪しており、終戦後の社会的混乱の波に揉まれながら、次第に裏面の暗黒に追いやられて、恐るべき犯罪の温床と化しつつある」。「精神薄弱児も忘れられ虐げられた存在として、(中略)徒《いたずら》に社会の足手纏《まと》いとし、あるいは犯罪へと追いやっているのが現状である」としたうえで、「戦災孤児たちはこのような姿で戦争の責任をとらねばならない理由があるのであろうか」と怒りを表明している。

そして近江学園は、「児童にとって何よりも温かく楽しい、そして腹のくちくなる家庭でなければならない」とやさしい言葉で基本的なあり方を述べ、「この学園でお互いに助け慕って暮らす美しく温かい環境を現出するために、吾々は努力していきたい」と決意を表している。

開園とともに、近江学園には戦災孤児、外地からの引き揚げ孤児、浮浪していた知的障害のある子、親子心中の生き残りの子、家庭や学校で世話ができない重度の知的障害児などがぞくぞくと送り込まれてきた。子どもたちは栄養失調で、ほとんどの子の腹には寄生虫（回虫、十二指腸虫など）がおり、頭には蚤《のみ》や虱《しらみ》、ほかにトラコーマなどの眼病や皮膚病も多く、なかには結核や先天性梅毒に罹患《りかん》している子もいた。

開園当時はなにもなかった。建具と畳があるだけで、電球一個、カーテン一枚もなかった。なによりも困ったのは食糧がないことであった。水の確保もたいへんであった。糸賀、池田、田村の三世帯の手持ちや配給をすべて投げ出しても到底足りず、荒地を開墾し、芋の買出しなどに近隣の農家に必死になって頼みにいったが、近江学園がどういうものか知られていなくて、分けてもらえなかった。

一二月一日、とつぜん地元の青年会の幹部が、リヤカー二台に野菜や芋や豆を満載して学園の坂道を苦労して引っぱりあげてきた。学園の性格を知った青年たちが、なんとかし

糸賀一雄．国際社会事業会議に出席，欧州を視察し帰国．近江学園への坂道で出迎えた近江学園の子どもたち．なお左端は田村一二氏(1961年)

たいと町内会に回状をまわして各戸の心持ちを供出してもらい、とりまとめたということであった。その後、地元との関係は婦人会や子ども会を通じても発展していった。

糸賀は激増してくる入園児を抱えて、職員のモットーとして「近江学園三条件」を成文化した。それは「四六時中勤務」「耐乏の生活」「不断の研究」であった。

「そのまま」から「ありのまま」へ

近江学園に連れてこられた子どもたちは、街頭で乞食をしたり、片隅でゴミ箱をあさって食物を得ていた。一家心中に巻き込まれ癒しがたい傷をこころに抱えた子、犯罪や麻薬の密売にかかわった子、継母の虐待に耐えかねて家出をした六歳の女児もいた。その子たちは、入園してからさまざまな問題を引きおこすことが多かった。善意の大人をたぶらかす術を身につけていることもあったし、職員の目を盗んで幼い子をいじめることもあった。金目のものを盗んで売りにいく、職員の財布を掏《す》ることもあり、脱走もしょっちゅうであった。

連れてこられた当座は青い顔をして火鉢のまわりにちぢこまったまま、動こうともしなかった子どもたちも、やがて元気になり朗《ほがら》かになっていく。虐《しいた》げられ厄介視され、放任された不遇の子どもたちが、次第にこころをとり戻していく。入園したばかりのときは、夜になると布団《ふとん》の中にうずくまって寝ている。駅のベンチで背を曲げてうつ伏せになって夜を過ごす姿であった。それが、上を向いてゆったりと寝るようになる。

子どもたちの人相は、入園したときには険《けわ》しい。とくに眼はいわゆる三白眼《さんぱくがん》で、人を睨《にら》みつける。あるいは絶えず下目を使って、職員に対して疑惑の目で監視的な態度をとる。表情はまったく出さないか、わざと人を食ったような態度でませた口調を使う。だが、次第に柔和な表情になり、微笑が浮かんでくるのである。

小さい子の世話をし、先生が病気になると「先生休んどき、小さい子をちゃんと夜中におしっこ連れていくし」と、先生を休ませる。そして勉強を始めるのである。荒廃した社会の姿「そのまま」であった子どもたちは、近江学園の環境のなかで「ありのまま」の人間の姿を表してくるのである。

糸賀は、その子どもたちを見て「子どもたちは、周囲の大人たちが本当に自分の味方だと知ったとき、たちまち変わる」と語り、この子らには「限りない善意、他と共感するところ、自ら向上する意欲がある」と瞠目《どうもく》するのであった。

発達の保障

近江学園では、徐々に知的障害の子が増えていった。障害のない子は就職したり、親が見つかったり、養子に行くこともあったが、知的障害があるとそうではなかった。また入園する子も知的障害のある児童が増えていき、一九六六年(昭和四一)近江学園は「児童養護施設」の看板を降ろし、精神薄弱児施設(定員一五〇名)単独となった。

近江学園に、京都大学教育学部を卒業した田中昌人《まさと》が就職し、研究部に所属したのは一九五六年であった。当時、知的障害児に対する「科学的」な理解は、もっぱらIQ（知能指数）を測ることであった。その結果、就学免除という名目で教育を受けられなかったり、教育条件が劣悪であったりした。田中は、知能指数を測るだけでは、その子の発達の状態や内面の姿が把握できないし、有効な援助がなされないのではないかと憂い、それぞれの発達段階の特性を明らかにしたいと、子どもたちと生活を共にし研究を続けた。その結果到達したのは、次のようなことである。

当時、精神薄弱といわれる子（現在は精神遅滞、精神発達遅滞、知的障害などと呼称）は、通常の子どもと違うという面が強調されていた。それは、①発達は「できないことが、できるようになる」ということであり、周囲や社会への「適応の過程」であるが、それに時間がかかるし、できないことが多い。②「固執性（こだわり）がある」「抽象的なことが理解できない」など「類型的」な特徴がある。③したがって遅れの程度の重い子には「教育は不要」（「就学免除」）で生活指導だけでよい、この子らの教育に金をかける必要はないという「劣等処遇」の考えであった。

それに対して、近江学園での生活や教育の経験を踏まえて、田中らは次のことを明らかにしていった。①発達は、できることの「量的な拡大」というよりも、ものごとに対する認識のしかたが「質的に変化」することであり、「適応の過程」というより「獲得と自己変革の過程」である。②発達には認識の高次化という「タテ」への発達の「みちすじ」があり、速い遅いはあってもその「みちすじ」は人間にとっては同じであるという普遍性がある。また「ヨコ」への拡大といえる、その人の個別性のある広がりがある。③教育の保障については、発達に遅れや障害のある子に合った充実した内容が必要である。

人間の「タテへの発達」という「みちすじ」や、「ヨコへの拡大」という「個別性」を考えていく科学性、それらを保障していく教育制度や社会の体制が必要であるという社会性、さらにそれらを人間の「発達権」として位置づけることが大事であるという思想性があいまって討議されてきた。子どもたちへの複数の場の保障(学習・生活・作業)や指導体制が職員のあいだで討議された。これらは、総合的に「発達保障」と呼ばれるようになった。

糸賀一雄は『近江学園年報』第一一号(一九六五年)に「(施設は)ひとりひとりのもつかけがえのない生命の尊さを保障し、その人格を保障し、その発達を保障するということを役割とするのである」(「指導体制評価についてのわれわれの立場」)と述べている。

重度化から重症心身障害児施設創設へ

歳月が経つにつれて、近江学園の子どもたちは年長となり、一方で障害は重度化していった。児童福祉法では、年齢を満一八歳まで、やむをえない場合は満二〇歳までと制限している。だが障害があり親のない子を社会に放り出すわけにはいかなかった。糸賀は次々と成人になる入園者や重度化してきた子どもたちに、新たな施設をつくるのに追われる。落穂寮《おちほ》(一九五〇年)、信楽寮《しがらき》(一九五二年。一九六〇年信楽学園と改称)、あざみ寮(一九五三年)、日向弘済学園《ひゅうがこうさい》(一九五三年)、一麦寮《いちばく》(一九六一年)である。

最初の「落穂寮」以外は、年長化する成人対策であり、重度の障害児は近江学園で増えていた。一九五二年、重度の子のクラスとして「さくら組」を編成した。

一九五四年四月、医療的な問題を抱えた子を「杉の子組」として、医局所属の「療育グループ」とした。「杉の子組」には、知的障害が重く行動障害とてんかんを伴っている子、脳性まひと知的障害を合併する子、強い行動障害のある子、自閉症、重度知的障害、難治性のてんかんの子などが所属した。一九五八年「杉組」と改称し、医局から教育部第一班に移した。また重度年長児のための「ひのき組」も編成した。担当した医師、保健師、保育士、調理担当職員の文字通り不眠不休の努力にもかかわらず、「杉の子組」「杉組」の一四人のうち、一九六一年二月までの七年間で五人が死亡した。

糸賀は、準備が始まっていた「重度重複障害児」のための施設建設を急がねばならないとの気持ちに駆り立てられていた。一九五九年、大津市内の小高い長等《ながら》山の土地六六〇〇平方メートル(約二〇〇〇坪)を、「あざみ寮」入所者の家族の協力で購入し、建設の具体的な資金集めに乗り出した。しかし建築資金は乏しく、日本自転車振興会に「社会福祉特別競輪益金」の配分を申請し、四年にわたり合計三五〇〇万円の配分を得た。ほかにも多くの協力を得て一九六三年三月、建物が完成した。

四月六日は雨であった。小高い場所に建てられた「びわこ学園」に向けて新しく開かれた坂道は、夜来の雨にあって赤土がすっかり水を吸い込み車がスリップして走らない。六人の「杉組」の子どもたちは、やむをえず雨具をつけて木立の山道を近江学園の職員に手を引かれたり、おんぶされて登ってきた。五月には医療機関としての許可を受け、六月二日に開園式をおこなった。

東京では、一九六一年五月、島田療育園(小林提樹園長)が日本ではじめての重症心身障害児施設として開園していた。びわこ学園(岡崎英彦園長)が一九六三年四月に出発した。さらに東京では草野熊吉が、一九五九年七月より秋津療育園(岡野喜久子園長)として療育を開始していた。しかし規模が小さいとして認可を受けることができず、ようやく一九六四年六月に認められることになった(芹沢美之園長)。時期を接して、ここに三つの重症心身障害児施設が日本で歩みを始めたのであった。

(なお、わたしは糸賀一雄の生涯と思想について『異質の光』(大月書店、二〇〇五)を書き、そのなかで小林提樹、草野熊吉についても叙述した。1〜3節の記述は、部分的にこの旧著に拠った)

4　おしすすめてきた家族の力

「両親の集い」

以上に述べてきたように、日本で重症心身障害児のとりくみを始めた三人の先駆者の努力・奮闘は言語では表現しきれないものがある。そして日本で重症心身障害児への政策を根づかせてきたもう一つの力は、その子を養育する家族の願いであり、協力であり、切羽《せっぱ》つまった行動であった。

日赤産院での小林提樹の外来診療では、大勢の家族は長い時間を待って順番がきても、説明を聞く時間は限られていたし、質問も十分にできなかった。親の要望もあり、小林は障害の説明をし質問にも応じるために、一九五五年(昭和三〇)七月から、月に一回、土曜日午後に「日赤両親の集い」を始めた。

北浦貞夫の次男は生後七カ月に種痘《しゅとう》を受け、その後遺症で重い障害を残した。一三歳の一九五九年から日赤産院で小林の診察を受けていた。父母は「両親の集い」の月例会にも出席した。北浦の妻雅子が、小林とともに国への陳情に参加したのは一九六一年一月であった。その陳情に対して、国から、「障害が重くて社会の役に立たない者には国の予算は使えません」という言葉が返ってくるのを聞いて驚いた。

北浦らは、「どんなに障害が重くても、真剣に生きているこのいのちを守ってほしい」「社会のなかの一番弱い者を切り捨てることは、その次に弱い者を切り捨てることになって、社会の幸せにつながらないのではないですか」と真剣に訴えた。

「全国重症心身障害児（者）を守る会」の結成

一九六三年(昭和三八)七月二六日、「重症心身障害児の療育について」という厚生事務次官通達が出され、四月にさかのぼって適用されることになった。これは行政としてはじめて重症心身障害児療育を明確に打ち出したものであり、まだ法的には対象になっていないため、その裏づけにかわるものであった。法的には、一九六七年八月の「児童福祉法改定」まで待たねばならなかった。

この「次官通達」は、対象者の「定義」として「身体的、精神的障害が重複し、かつ重症であって、別表「重症心身障害児施設入所対象選定基準」に適合する児童のうち、社会的要請の緊急性、家庭の状況等を勘案して、児童相談所において入所を必要とする児童に限られるものであること」とあった。

一八歳以上の人は対象にならないこと、また入所後も成人したら退所になるということで、家族の不安と絶望が増幅した。

そのため「両親の集い」に参加していた親たちは、支援者とともに「会」の結成を呼びかけ、翌一九六四年六月一三日「全国重症心身障害児(者)を守る会」が結成された。小林提樹が一人で発刊してきた機関誌は、「守る会」の機関誌『両親の集い』として引き継がれた。

第二回「全国重症心身障害児(者)を守る会」全国大会(一九六五年)が開催されたとき、来賓として出席していた橋本登美三郎官房長官が家族の訴えを聞き、その後政府と関係者が集まり協議の後、国立療養所に重症心身障害児病棟を設置することにつながっていった。「守る会」の努力もあり、一九六六年度予算によって、国立療養所に四八〇床、整肢《せいし》療護園に五〇床の設置が認められた。

その後、一九六六年に新たに出された「厚生事務次官通達」には、対象者の「定義」として「児童および満一八歳以上の者」とされた。

児童福祉法一部改定

そして一九六七年の「児童福祉法改定」によって、はじめて重症心身障害児が法律で認められることになった（第四三条の四）。しかし、「重症心身障害児施設は、重度の精神薄弱及び重度の肢体不自由が重複している児童を入所させて、これを保護するとともに、治療及び日常生活の指導をすることを目的とする施設とする」と「児童」と書かれていたため、家族の不安が増した。その後「一八歳以上の者も入所できる」という付帯決議がついてその不安は解消した。「全国重症心身障害児（者）を守る会」と「児（者）」を表記しているのはそういう背景がある。

福祉は、社会復帰に役立ち、社会への見返りが期待できる人に対するものである、とされていた状況がようやく変わろうとしていた。

一九六七年の児童福祉法改定とともに、その施設は医療機関であると同時に福祉施設であると法的に位置づけられ、翌一九六八年には「東京都立府中療育センター」への入所基準として大島一良《かずよし》（当時同病院の副院長、その後院長）によって心身の障害を組み合わせるかたちの「大島の分類」が作成された（一四八ページ参照）。

守る会の三原則

重症心身障害児施設数や病床は増えていったが、家庭で療育されている重症心身障害児も多く、「守る会」では一九六四年の出発当初より「在宅重症児」を対象に、「療育相談」「巡回相談」をおこなっている。一九六九年「重症心身障害児療育相談センター」(東京都)を建設、一九七〇年より独自で母子通園を始めた。

一九七六年には国の制度で、家庭で養育を受けている重症心身障害児のための「緊急一時保護制度(短期入所・ショートステイ)」が始まった。

一九八一年、国際障害者年にあたって、「全国重症心身障害児(者)を守る会」は、「親の憲章」を作成し、守る会の三原則を決めた。

それは、「決して争ってはいけない、争いの中に弱いものの生きる場はない」「親個人がいかなる主義主張があっても重症児運動に参加する者は党派を超えること」「最も弱いものを一人ももれなく守る」であり、今日まで大切にして運動し事業をおこなっている。

「守る会」は、一九八八年、世田谷区立三宿《みしゅく》つくしんぼホームで「重度・重複障害者通所施設」を受託・開所した。翌一九八九年には、重症心身障害児の通所施設として重症児センターあけぼの学園が東京都の施設として認可された。国のほうでは、一九九〇年一月重症児通園モデル事業を全国五カ所で始めた。
「守る会」は、一九九二年に、入所施設である都立東大和療育センター（重症心身障害児施設）を受託・開設し、通所療育もおこなっている。

本章で述べたように、日本において「心身に重い障害のある」子どもたちへのとりくみは、その子らと接して放置できない気持ちになった人たちが、困難を切り開き社会や国に訴え、渾身《こんしん》の努力をしてきたことによる。家族も協力し、自分たちも「守る会」を立ち上げた。それから半世紀が経った。継続的なとりくみは、今日の発展につながっている。まだまだ不十分とは言え、世界に誇りうるものである。

第４章

重い心身障害がある人の現在

1　医学的視点から

障害とは何か

ここで医学的な視点から障害について考えてみる。

人が生きていくのに、心身の状態が不自由なことがある。それが病気や外傷のためという一時的な状態でなく、いわば「恒常的」に存在する状態を「障害」と言い、そのような状態にある人のことを「障害者」あるいは「障害のある人」と呼ぶ。

その「障害」には、大きく分けると「身体の障害」、「知能（精神発達）の遅れ」、それに最近は「発達障害」と総称される「自閉性障害」や「注意欠陥多動性障害（ADHD）」「学習障害（LD）」などがある。「感覚器の障害」（視覚障害、聴覚障害など）は古くから知られているし、慢性の心臓疾患や腎臓疾患などについては「内部障害」という表現が使われている。

身体障害の原因としては、胎児期における何らかの要因によることもあり、出生前後に脳に損傷を受けた「脳性まひ」があり、年齢を問わず脳炎・髄膜炎、脳外傷、窒息、脳血管障害などがある。その原因や損傷の部位によっては知能の障害を伴うことがある。知能の遅れは、以前は精神薄弱、知能障害などと言われていたが、現在は精神遅滞、精神発達遅滞あるいは知的障害と呼称されている。

「重症心身障害」というのは、重い身体障害と重い精神発達遅滞を伴った状態を表す「障害名」であり、身体機能の程度はおおむね「座位」までとしているが、実際は「ねたきり」のことが多く、頸もすわっていないこともある。精神発達は、おおむね一歳半に至っていない状態であるが、はっきりと定められているわけではない。乳児期初期の発達段階の人も多い。また、「視覚障害」「てんかん」を合併していることも少なくない。さらに今日では、心身の重い障害だけではなく、生きていくためのはたらきである「呼吸」や「消化」の重い機能障害があり、生命維持のためのとりくみが重点になることも多くなっており、その状態を示す「超重症（超重度障害）」という言葉が関係者には定着している。

重症心身障害の定義やその程度の分類については大島一良作成の「大島の分類」表を参照してほしい。

この表は身体障害の程度と精神発達遅滞の程度の組み合わせになっている。この表の１

知能指数	走れる	歩ける	歩行障害	座れる	寝たきり
80					
	21	22	23	24	25
70					
	20	13	14	15	16
50					
	19	12	7	8	9
35					
	18	11	6	**3**	**4**
20					
	17	10	5	**2**	**1**

運動機能

大島の分類

1～4の群は，重症心身障害と表現.
5～9については他の関連施設とのかね合いにおいて，3つの条件をつける.
　1）たえず，医療管理の下におくべきもの
　2）障害の状態が進行性と思われるもの
　3）合併症のあるもの
異常行動をもつ重度の知的障害児（10, 17）は，重症心身障害児施設でも，別のカテゴリーが考慮されるべきものとして，新たに問題となり，いわゆる「動く重症児」として検討されるようになった（大島一良「重症心身障害の基本的問題」『公衆衛生』Vol. 35, No. 11, 1971. 一部改変）

～4に相当するのが重症心身障害児（者）となる。実際には「1」に該当する人が多いし、その後、さらに重い障害がある人が増え、「1」というだけでは、その状態を表現しえなくなり、そのなかで呼吸や消化機能に重大な障害のある人たちのことを「超重症児（超重度障害児）」と表すことになった。

身体（四肢・軀幹）の状態

重い身体障害の原因は脳の運動領域や脳全体の障害によるものであり、そのため筋肉の緊張が高くなることが多い。筋緊張に左右差があったり身体の各部位で緊張に差があったりして、脊椎《せきつい》の側彎《そくわん》やねじれなどにより身体の変形をきたす。胸郭が扁平になることもある。これらが内臓に影響し、肺の呼吸機能や胃腸の消化のはたらきに悪影響を及ぼす。また不随意運動（アテトーゼ、ヒョレア、ジストニアなど）を伴う人もいる。

自発的に運動ができず、筋肉の硬さがあり、それが持続することで、関節は固まって動きはきわめて制限され、変形したりまったく動かなくなったりする（関節拘縮《こうしゅく》）。ときには筋緊張や変形のため股関節脱臼《だっきゅう》などがおこる。

つまり重い身体障害があるということは、ただ身体が動かないということだけでなく、筋緊張の亢進《こうしん》や筋の硬さがあり、痛みを伴うこともあり、身体の変形、関節の変形や拘縮・脱臼をきたし、やがて内臓の機能に重大な影響を与えていくことになる。

また立位をとれず、運動もできないなどのため、骨の発育が悪く、骨粗鬆症《こつそしょうしょう》の状態になっており、骨折をしやすい。

内臓などの問題

身体的には、運動器だけではなく内臓の障害を伴っていることも多く、また身体障害が重いため、二次的にも障害を引きおこす。ごく簡単に記載する。

・**呼吸**　「ねたきり(仰臥位《ぎょうがい》)」の状態や筋緊張の高さのため、呼吸筋と横隔膜のはたらきが十分でなく、肺の換気が悪く胸郭の変形を伴うこともあり、肺活量の減少、換気障害をきたす。その結果、浅く速い呼吸になり、多大なエネルギーを必要とし体力を消耗する。また食物や自分の唾液の誤嚥《ごえん》(食道に流れず気管に入る)などにより肺の炎症や損傷をおこしやすく、繰り返すことにより、肺の換気機能が低下する。

・**摂食、消化**　母乳やミルク、食物の呑みこみがうまくできない。誤って気管に入ることもあり、窒息する危険性もある。消化機能も一般的に弱く、嘔吐、便秘がよくおこる。胃食道逆流は大きな問題で、酸度の高い胃液によって食道末端炎がおこる。イレウス

（腸管閉塞症）がおこることもある。

- **口腔内の問題**　歯列不整がある、開口状態を保ちにくく歯ブラシがすみずみまで届かなくて、齲歯《うし》（虫歯）になりやすい。歯石沈着がおこりやすく、口臭があり、歯肉肥大症（抗てんかん薬が原因のこともある）となる。誤嚥の際に口腔内の雑菌のために肺炎をきたすことになるので、口腔内の清潔は大事である。
- **排尿便**　尿が膀胱にたまっているのに出ないことがある（尿閉）。残尿があると感染をおこしやすいし、膀胱から尿管に逆流すると、腎障害をおこすことがある。排尿障害があれば尿道から膀胱までチューブを入れて排尿（導尿）することになる。排便については、固形物、繊維性のものが食べられない、水分摂取が下手、腹圧をかけることができない、運動不足、抗てんかん薬の服用などのため便秘が多い。
- **体温調節**　きわめて脳の障害が重いと体温調節もできない。室温の調節や、直接温める、冷やすなどの措置が必要になる。
- **てんかん**　重度の人ほどてんかんの合併が多く、その程度も強く難治性であることが多い。

・その他　内分泌異常、婦人科疾患、床ずれ（褥瘡《じょくそう》）などに注意が必要となる。

原因は何か

このような重い障害をきたした原因は何であろうか。

重度心身障害をきたす可能性のある原因は、次の三つの時期に分けて考えると理解しやすい。①出生前（胎生期）、②出生時・新生児期（生後四週間）、③生後五週間以後の時期である。もちろん原因が重複することもあるし、はっきりわからないこともあるが、主たる原因と考えられるもので分類することになる。

出生前の原因としては、感染症（風疹《ふうしん》、トキソプラズマ症など）、中毒（アルコール、有機水銀、ダイオキシンなど）、放射線、母体の疾患（妊娠高血圧症候群など）、脳形成・脳血管障害、染色体異常・遺伝性疾患・代謝異常・変性疾患などであるが、出生前に原因があると考えられるもののうち、約半数は原因不明である。

出生時・新生児期の原因としては、低酸素症、頭蓋《ずがい》内出血、機械的損傷、脳炎・髄膜炎、高ビリルビン血症、新生児けいれんなどである。

生後の原因では、脳炎・髄膜炎、窒息、脳外傷（事故が多いが、最近は「虐待」によることがある）、脳血管障害、難治性てんかん、頭蓋内腫瘍《しゅよう》などである。

この時期的な原因の頻度は、出生前が約三〇％、出生時・新生児期が約三五％、出生後が約三〇％で、あとは不明であったり判別しにくかったりということになる。

2　さらに重い障害へ

安定から超重症化へ

重症心身障害児施設が開設された当初（一九六〇年代）は、重症心身障害児と呼ばれることになった心身に重い障害のある子に対する経験が少なく、医療体制も十全でなく、医療機器・薬剤もまだ十分開発されておらず、その医療機器も重症心身障害児施設には不足していたなどのため、とりくみの不十分さは否めなかった。

その後、重症心身障害児に対する医療や介護が進み経験が蓄積されてきたこと、専門スタッフの増加、医療機器の発展・常備などにより、死亡する人が少なくなり病状も安定してきた。

しかし一九八〇年代に入る頃から新たな問題がおこってきた。新しく入所してくる重症心身障害児の状態が、それまでに経験しなかったような重度の姿となってきたのである。

それは心身の重い障害だけでなく、生命維持に必要な呼吸や消化の重大な機能障害を伴う状態であった。すでに述べた「大島の分類」表の「1」で一括りにはできない状態である。

心肺の機能障害だけでなく、四肢・軀幹《くかん》のきわめて強い筋緊張があり、四肢が突っぱり、関節が固まり（拘縮）変形し、軀体も反り返り（後弓反張）、脊柱《せきちゅう》が左右に彎曲（側彎）し、ねじれる。知能（認識）の障害の程度も強く、はたらきかけに対して反応がなく、意識があるかどうかも判然としない子もいるという状態である。

超重症児とは

一九八〇年代に新生児医療が進歩し、各地の基幹病院にＮＩＣＵ（新生児集中治療室）が設置され、それまでであれば死亡していたであろう低出生体重の未熟児が、健康に育つようになった。さらに障害のある新生児も死亡することなく育つようになった。しかし、なかには重度の障害を残すことがあり、その子らは家庭に戻ることができず、ＮＩＣＵや小児科病棟に長く入院していることになる。病院はそのままでは新しい新生児を受け入れることができないので、転院先を求めなければならない。またいったん家庭に退院した子も家庭療育が困難で、施設入所を求める。こうした子が重症心身障害児施設に入園してくることになった。

そういう子どもたちが増えていくなかで、東京小児療育病院の鈴木康之を中心にして「超重症児スコア」が作成・提案され、「超重症児（超重度障害児）」という概念が生まれ（一九九一年）、翌年より重症心身障害児施設に入園している子の実態調査が始まった。「超重症児スコア」の特徴は次のとおりである。

それまでの「大島の分類」（一四八ページ）での重症度の分類が「機能分類」（運動機能と知能指数の程度の組み合わせ）と言えるのに対して、「超重症児」という概念は、「医療的介護」を基準にしているということである。つまり本人の心身の機能状態が基準ではなく、どれだけ「医療的介護」が必要かという「とりくみ」の程度を基準にしたのである。また「医療」ではなく「医療的介護」と呼称したのは、次のようなことによる。

「医療」は主として本人が健康を害したとき、つまり「病気」のときに必要であるが（もちろん重症心身障害の状態で、安定した状態を保つためにも医療が必要である）、ここで言う「医療的介護」は、病気や障害そのもののためというよりは、重い障害があるために生きていくのに「日常的に必要となる医療」であり、それを「治療的医療」と区別して「医療的介護」とし、その必要が一定以上を超える状態を「超重症（児）」としたのである。なお一九九六年、「超重症」に対しては、医療保険上の点数が加算されることになった。

「超重症児」のスコアでは、呼吸管理（気管切開、酸素吸入、人工呼吸器《レスピレーター》装着など）と栄養確保（経管栄養、中心静脈栄養（ＩＶＨ）など）の必要性が中心で、ほかに筋肉の過緊張に対する対応の難度や手数によって点数化し、二五点以上を「超重症児」とした。なお一時的にこのような状態があるだけでは超重症児とはせず、六カ月以上継続して必要な状態のときに「超重症児」とする提案であった。この「基準」は一九九四年と二〇一〇年に改定された。

その後、二五点には至らないが、実際上は同様に「医療的介護」が濃厚に必要である一〇点から二四点までの子を「準超重症児」とする提案がなされた（一九九八年）。二〇〇〇年、準超重症児に対する医療についても医療保険加算がなされた。

3　人数と実態

重症心身障害児（者）の人数

重症心身障害児（者）といわれる人は、全国でどのくらいの人数なのであろうか。

重症心身障害児施設は、施設運営組織の関係では「公立（地方自治体）および社会福祉法人が運営している施設」（社団法人日本重症児福祉協会）と、「独立行政法人国立病院機構重症児病棟」とがある。

「公立および法人」施設は全国で一二二カ所（病床数一万一九五八）あり、初期には定義どおりの重症心身障害児（者）だけでなく、重度の知的障害や強度の行動障害（多くは自閉性障害）の人たちが入所した。現在、入所者数一万一五〇〇人で、定義どおり（「大島の分類」1～4）の重症心身障害児（者）に限ると約八八〇〇人（七七％）になる。

同様に独立行政法人国立病院機構の重症児病棟等七四施設（病床数七五八〇）では、約七五〇〇人のうち、約五五〇〇人(七三%)が重症心身障害児(者)である。

日本の「重症児施設」に入所している「重症心身障害児(者)」の合計は約一万四三〇〇人ということになる(二〇一一年四月)。

家庭で生活している重症心身障害児(者)は、全国一律の調査はないが、最近のさまざまの調査から、約二万七〇〇〇人と推定されている。

つまり施設に入園している人と、家庭で生活している在宅重症心身障害児(者)を合わせると約四万一三〇〇人。重症心身障害児(者)は、日本の人口約一億二七五〇万人に対して、一〇〇〇人に〇・三二人(〇・〇三二%)となる。しかし実際には障害が重い子ほど低年齢で死亡していること、またさまざまな地域で重症心身障害児の発生率や子どもの重症心身障害児の割合を調査している資料を見ると、若年者の同年齢の母集団における存在率は一〇〇〇人に〇・五~一・五人(〇・〇五~〇・一五%)くらいと考えられる。

超重症児の人数

公立および法人(民間)立の重症心身障害児施設と、独立行政法人国立病院機構の重症児病棟に入所している重症心身障害児（者）の状態には大きな違いはないので、ここでの数字は全体を合わせた人数で記載する。

全国の重症心身障害児施設・重症児病棟に入所している超重症児、準超重症児の人数は次のようである。全入所者約一万九〇〇〇人中、「超重症児」は一〇・三％で、約一九六〇人であり、「準超重症児」は一二・二％で約二三二〇人である。両者を合わせて、約四二八〇人である。この人数は毎年人数、比率とも増えてきている。なおこの人数は、二〇一一年四月統計によって概数化した。

家庭で生活している「超重症児」

重症心身障害児施設以外では、家庭で生活したり病院のＮＩＣＵや小児科病棟に入院したりしていることになる。この全国的な調査は、なかなか困難であったが、厚生労働省厚生科学研究・子ども家庭総合研究事業「重症新生児の療養・療育環境の拡充に関する総合研究」（二〇〇八年、分担研究者杉本健郎）によって、重症心身障害児施設に入所していない「超重症児」の次のような実態が明らかにされた（杉本健郎ほか「超重症心身障害児の医療的ケアの現状と問題点」『日本小児科学会雑誌』第一一二巻第一号、二〇〇八)。

全国の八府県(神奈川県、滋賀県ほか)の年齢二〇歳未満の悉皆《しっかい》調査の結果である。二〇歳未満の超重症児(準超重症児を含む)の人数は一〇〇〇人に対して約〇・三人(〇・〇三%)であった。

これから類推すると全国では、年齢二〇歳未満の超重症児の人数は約七〇〇〇人になる。

この調査では、施設入所(入院)児と在宅児の割合は三対七であったので、全国では施設(病院)入所約二〇〇〇人、家庭での生活約五〇〇〇人ということになる(全年齢では、重症心身障害児施設入所者は、前項のように約四二八〇〇人である)。

(2007年5月, 全1093人中)

頻回吸引	吸 引	経管栄養	体位交換
336(31)	628(57)	1030(94)	781(71)
139(41)	174(51)	328(96)	295(86)
197(26)	454(61)	702(94)	486(65)

家族の負担

八府県の超重症児は、一二四六人であるが、データの不備のある一五三人を除く一〇九三人について述べる。

当然、施設や病院入所児の障害の程度が重いが、家庭で生活している

8府県の超重症児(準超重症児を含む)の実態

	超重症児	人工呼吸器装着	気管切開	酸素療法
全超重症児(%)	1093(100)	340(31)	591(54)	362(33)
施設・病院入所児(%)	343(31)	169(49)	237(69)	147(43)
家庭在宅児(%)	750(69)	171(23)	354(47)	215(29)

子もいかに障害が重いかがわかるし、人数的には在宅児のほうが多いのである(表参照)。

この調査では、家庭在宅超重症児での人工呼吸器装着率は二三%、気管切開率は四七%、経管栄養率は九四%にのぼっている。「吸引」というのは、口腔内や鼻腔内にたまった分泌物を吸引器で吸引することであり、頻回というのは一時間に一回程度を意味している。介護者は母が九三%で、父も三五%が参加している。

また島田療育センターの小沢浩らによる東京都多摩地区の全年齢の超重症児者(準超重症児者を含む)二〇〇名の調査では、次の実態が明らかになった(「東京都多摩地区における超重症児・者の実態調査」『日本小児科学会雑誌』第一一四巻第一一号、二〇一〇)。

それによると、人工呼吸器装着三四人(一七%)、気管切開九五人(四八%)、酸素療法四五人(二三%)、一時間一回以上の頻回吸引一一二人(五六%)とほぼ同じ実情である。介護者はほとんどが母(九八%)で、平均睡眠時間は五・二時間であり、それも断続的になる。多くの人が疲労と負担を感じ、将来の不安を抱えている。介護者の年齢は平均四七歳で、最高は七三歳であった。

重症心身障害児施設はどこも定員に空きはなく、入所待ちの人が多いが、退所はほとんどない。通所施設は限られており、短期入所も十分活用できない。訪問看護、介護、リハビリテーションもきわめて不十分である。家族、とくに母親の負担は大きい。

重い障害を抱えて生きている子が安楽であるように、そして介護にあたる家族への援助が喫緊の課題である。

第５章

「いのち」が大切にされる社会へ

1 「この子らを世の光に」

糸賀一雄の思想

糸賀一雄については、第3章3で「近江学園」の創設、とりくみから、重症心身障害児施設「びわこ学園」開設までの奮闘について述べた。ここでは糸賀一雄が到達した「自己実現」をめぐる考えと「この子らを世の光に」という言葉について叙述する。

糸賀一雄が辛苦の末、「びわこ学園」を開設したのは一九六三年、四九歳のときであった。現在の年齢的印象ではまったく壮年の働き盛りであるが、激務と過労のなか五年後の一九六八年に五四歳で急逝する。糸賀が、びわこ学園で心身の重い障害のある子どもたちに接したのは、「若き晩年」の時期であり、それまでの蓄積に加えてこの時期の経験から糸賀の思想が開花した歳月でもあった。

びわこ学園に入園してくる心身に重い障害のある子どもたちに接して、糸賀は強い刺激を受け、またとりくんでいる職員からの声を聴き、さらに職員の看護や療育の記録を読み、人間についての洞察を深めていった。

「自己実現」

糸賀は、次のように書いている。「今日もまた重い障害をもった子どもがうみおとされている」、その「うまれた生命は、どこまでも自己を主張し自己を実現しようとする」「このひとたちが、じつは私たちと少しもかわらない存在であって、その生命の尊厳と自由な自己実現を願っており、うまれてきた生き甲斐を求めている」（『福祉の思想』日本放送出版協会、一九六八）

糸賀は、きわめて簡潔に、人間について描いている。「どのように重い障害があろうと、人間は同じである」。それは「自己を実現しようとしている」こと、「生命の尊厳を願っている」こと。そして「生き甲斐を求めている」ことである。

とりくむ職員について次のように述べている。「そこでは子どもに対してとか子どものためにとかいう子どもを向う側において対峙《たいじ》している姿ではなく」「どんなに重症な障害をもつ子どもでも、自分自身の力で障害を克服する方法でりっぱに自己を実現できるように、子どもたちと共感の世界を形成しようとするチーム・ワークが追求されねばならない」(前出『福祉の思想』)。

あまりにも重い障害を抱えている子らを見たとき、あまりにも無残な姿に息を呑む、誰もが怯《ひる》む、それは偏見でも排除でもない、率直な感覚であり、むしろ哀れみからこの子に涙する感情である。そして生きていることが苦痛なのではないか、と感じることもある。

そのことは、一方で「不治永患」「生ける屍《しかばね》」「植物人間」との言葉が存在するように、「排除」の思想に転化するあやうさがある。

長い間、障害のある人が、社会的に「片輪」「不具」「廃疾」などと呼ばれ、「福祉施設」には身辺自立ができていない子、あるいは改善の見込みがない子は入れない、将来、国に役立たない子には「就学免除」によって教育を受けさせない、治る見込みがないのに「医療をおこなう必要はない」と、そして「将来税金を納められない人間は社会に存在する意味はない」ように見做《みな》され、人格を否定され、人間の誇りを踏みにじられてきた歴史があり、それは「排除」の「制度」と言えるものであった。人びとのなかにも存在する「排除」の気持ちへの傾斜は、そのような社会の状態から醸成されてきた面もあるだろう。

そのような時代の風潮がまだ濃厚であるときに、「どのように重い障害があろうと、人間は同じで」、「自己を実現しようとしている」こと、「生命の尊厳を願って」「生きがいを求めている」ことを主張してきたことは、新しい人間観の創出と言えるものであろう。しかし糸賀が当初からそのような思想をもっていたのではなかった。

「他者実現」とともにある「自己実現」

糸賀は京都帝国大学で宗教哲学を波多野精一教授から学んでいた。

波多野精一は熱心なキリスト教徒であり、ギリシャの哲学思想とキリスト教の宗教思想を源まで遡《さかのぼ》って探求し、独自で体系的な「宗教哲学」の確立に打ちこんでいた。その根本思想は「人格主義」であり、人と人との関係、自己と他者の関係を思惟している。

人間に存在する「人格性」に関して、「自己と他者の共同こそが人格の本質であり、実在するものの真の姿である」という結論に達した。つまり「人格的関係」においては、「自己実現」が原理ではなく、「他者実現」が原理であるとした。ここに人間の本質を見ているのである(『波多野精一全集』第四巻「宗教哲学」岩波書店、一九四九)。

糸賀は、学生時代に宗教学の西谷啓治助教授に提出した論文「人格的実存者――人間存在の側面的考察を媒介として」において、「自己実現」については次のような内容で書いている。

「人間は、他者との共同態として存在するものであるが、他者を「可能性自己」として利用し、「自己実現」として自己の向上、絶対、永遠を求めては、挫折していく」と記し、「自己実現」ということに否定的であった。

しかし長い間、「近江学園」で戦災孤児たちと接して変わってきた。嘘をつき、盗み、無表情な顔で大人の厚意を受けつけず、大人の心を読んで立ち回るしたたかさをもった子どもたちの、時代から痛めつけられた「そのまま」の姿が、周囲の大人が本当に自分の味方だと知ったときに、たちまち変わり、「善意と、共感と、向上の意欲」という人間の「ありのまま」の姿が立ち現れてくるのを知った。

そして「びわこ学園」で重い心身の障害のある子らと接して、彼らが「光」を湛《たた》えているのを感じた。それは何も欲張らず、何も我《わ》が儘《まま》を言わず、ひたすら「いのち」を生きる姿である。「いのち」そのものの大事さを、その「からだ」が表現している、訴えている。

そして糸賀は、その子らにとりくむ職員のなかにも同じ「光」を見ている。それは他者を「可能性自己」として犠牲にする「利己的な自己実現」ではなく、排他的でない「他者実現とともにある自己実現」であった。

「この子らに世の光を」

糸賀は、自分では何もできないように思える「この子ら」の状態にこころを痛めるだけでなく、それまでとりくんでいた障害のある子に比べて、あまりにも重い心身の障害を抱えて生きる「この子ら」はどういう存在なのか、という問題意識を背負うことになった。キリスト者でもあり哲学を学んできた糸賀のこころには避けて通れない課題となっていた。

近江学園を共に築きあげてきた池田太郎、田村一二とも議論をした。困難な状況で苦労を共にしてきた三人は、戦災孤児といわれる親を亡くし社会から邪険に扱われた子どもたちや、知的障害があるために社会のなかで蔑視され、社会から排除され傷ついた子どもたちが、近江学園のなかで本来の姿に一変していくことを肌で感じてきた。その三人は、なんとも表現できないような重い心身の障害のある子どもたちの本質的な姿を求めていた。

一九六〇年、彫刻家森大造《もりだいぞう》に依頼していた「母子像」が完成し、糸賀は瀬田川に沿う道路から脇の坂を登り近江学園の敷地に入った場所に設置した。その像は、母が一人の子を背負い両側に二人の子を引き寄せ、その二人は箒《ほうき》をもっている。箒は、母と子が助けあって仕事をするということを意味し、糸賀は近江学園の思想を表すものとして製作を依頼した。そしてこの像を「世の光」と名づけた。それは「精神薄弱な人たち自身が光り、また光となっていく、そうしたことをなしていくのが、私たちの仕事ではないかという気持」(「未発表原稿」『糸賀一雄著作集Ⅲ』日本放送出版協会、一九八三)であった。

この頃、糸賀は先行する重い知的障害児のための施設に「落穂寮《おちほ》」(一九五〇年)と名前をつけたことに忸怩《じくじ》たる気持ちをもつようになっていた。それはミレーの「落穂拾い」のように、この子らを救い上げてやらねばならない、無自覚なこの子らが安心して生涯を遊び暮らせるようにすること以外には解決の方法はないと信じ込んでおり、「この子らに」「世の光を」与える場をつくろうと考えていたことについてであった。「今はもう名前を変えることはできない。だが、そこに恵みを与えるとか、温情をかけるという考え方から脱却していきたい」と、多くの人の前で率直に語っている。

「この子らを世の光に」

糸賀は近江学園の園長であり、社会的にも多忙をきわめていたが、びわこ学園をよく訪れ子どもたちの姿に接し、職員の働きに触れ、その記録を読み、この子らに「光」を感じるようになった。

「ちょっと見れば生ける屍のようだとも思える重症心身障害のこの子が、ただ無為に生きているのではなく、生き抜こうとする必死の意欲をもち、自分なりの精一ぱいの努力を注いで生活しているという事実を知るに及んで（中略）、この事実を見ることのできなかった私たちの眼が重症であったのである」（前出『福祉の思想』）

「どんなに遅々としていても、その存在そのものから世の中を明るくする光がでるのである」「人間のほんとうの平等と自由は、この光を光としてお互いに認めあうところにはじめて成り立つということにも、少しずつ気づきはじめてきた」「排他的でないところに、この光の照らす世界の特質がある」（以上「未発表原稿」『糸賀一雄著作集Ⅱ』日本放送出版協会、一九八二、収録）

また次のように書いている。

「この子らが、うまれながらにしてもっている人格発達の権利を徹底的に保障せねばならぬ」（前出『福祉の思想』）

「考え方の質的な転換ということは、とりもなおさず、すべての、文字どおりすべての人間の生命が、それ自体のために、その発達を保障されるべきだという根本理念を現実のものとする出発点に立ったことなのである」（『この子らを世の光に』柏樹社、一九六五。日本放送出版協会復刊、二〇〇三）

さらに、語る。

「この光は、新しい「世の光」である。それはこの人びとから放たれているばかりでなく、この人びとと共に生きようとしている人びとからも放たれているのである」

「この異質な光をみとめるというはたらきは、なにか特別な能力であるかのようであるが、じつは決してそうではない。いつの世にも、そしてだれにもそなわっているのである。しかしその能力は、あやまった教育と生活のために、長いあいだ隠されており、はたらきがにぶってしまったのである」（以上、前出「未発表原稿」）

この「光」は、今日でも「異質の光」のように思われるが、人間のだれもが有しているものである。人間にとって「異質」な光ではなく、人間にとって「普遍の光」である。そのような「光」を有しているのが人間である。糸賀はそう語っている。

2　「ふつうの生活を社会のなかで」──第一びわこ学園移転計画

創立一〇年目の状況

糸賀一雄らの努力によって一九六三年に開設された第一びわこ学園は、建築費も十分でなかったし、山のなかで湿度も高かったためもあるのだろう、一〇年を過ぎるとコンクリートに亀裂が入ったり、床がきしみだしたりと「老朽化」してきた。

その頃、福祉関係に就職する若者が少なく、腰痛症や頸腕《けいわん》症候群などで身体を傷め休職となる職員もあり、その代替《だいたい》職員の確保もままならなかった。第一びわこ学園の在園者実数は、建物の広さから五八名であった。入園を希望する重症心身障害児は多く、一九六六年には第二びわこ学園が建設されたが、一〇八名の定員はたちまち満床となり、待機している多くの入園希望者を受け入れることはできなかった。

第二びわこ学園が開設して間もない時期に、子どもたちと職員とが手探りでとりくむ様子が映像に残っている。映画が「療育」に参加したと言われ、今日でも時折上映されている『夜明け前の子どもたち』である（監修糸賀一雄、制作委員長田中昌人、監督柳澤壽男《ひさお》、脚本秋浜悟史《さとし》、撮影瀬川順一、音響構成大野松男、一九六八年）。

創立一〇年目（一九七三年）頃には、職員確保の困難と財政的な問題で、びわこ学園は発展どころか、「在園者の三分の一を家に戻す」と決めざるをえない状態であった。「一〇周年記念行事」はなく、職員に風呂敷を一枚ずつ配ったのであった。

この事態に在園者の家族が集まり、職員も労働組合で討議し、びわこ学園運営陣と三者が一体となって国への陳情、社会への訴えをおこない、また職員の腰痛などの運動器の障害については専門家に来てもらい「腰痛検診」を実施し、改善策を検討してもらった。新聞やＮＨＫも取り上げ、厚生省児童家庭局、厚生政務次官、さらに衆議院・参議院の社会労働委員会などからの視察や調査もあり、社会の反響も大きく、一定の運営の改善につながった。

岡崎英彦園長のこと

びわこ学園の園長は、創立以来岡崎英彦医師が担ってきた。岡崎医師は、一九二二年岡山県に生まれ、一九四四年九月京都大学医学部を繰り上げ卒業、一〇月応召入隊となり、一二月には中国戦線に軍医として派遣された。一九四六年六月に復員し、九月、糸賀一雄を訪れる。そこで近江学園の構想を聞き、働くことを希望する。岡崎は医学生時代に「学生義勇軍」に参加し、その指導者が糸賀一雄であり、糸賀に心酔していたのであった。糸賀はたいへん喜び、近江学園に来てもらいたいが、まず京都大学医学部の小児科学教室に所属して医療を学び、その後参加してもらいたいと提案した。岡崎は近江学園に寄宿し、医学部小児科学教室に通うことになったが、なし崩し的に近江学園の医局を担うことになる。当時、障害児医療を自分の仕事にしようという医師はきわめてまれであった。

びわこ学園の開設にあたり、施設長は医師でなければならないので、岡崎が園長になるのは当然のなりゆきであった。さらに第二びわこ学園の園長を兼ねることになった。

糸賀もびわこ学園によく顔をだし、岡崎はびわこ学園の運営についても、糸賀が判断してくれているという安心感で仕事をしていた。一九六八年、糸賀が急逝すると、びわこ学園の運営はすべて岡崎の肩にかかってきた。

将来構想委員会

やっと在園者の強制退園が避けられ、次への歩みを始める時期に、わたしがびわこ学園に常勤医として就職(一九七七年)したことになる。翌年、創立一五周年の記念行事(一九七八年一〇月)を迎え、びわこ学園の将来を考えていくことができるようになった。第一びわこ学園の現在地では土地が狭く入園者の人数を増やすこともできないため、新たな場所に新築移転をして定員を増やすこと、重症心身障害児の療育内容を検討しそれにふさわしい建物を考えること、具体的に新築移転にかかわる費用を確保することなどを目的として、職員を中心に外部の人にも入ってもらい「将来構想委員会」を立ち上げた。委員長は岡崎英彦園長で、わたしは副委員長になった。

新しいびわこ学園へ向けての「将来構想」は、場所を変える、規模を大きくするということだけではなく、重症心身障害児に対してどのような内容の「療育」をおこなうのか、それにふさわしい建物はどういうものかということを明らかにすることであった。そのうえでその内容と建物をどう実現するのかという課題であった。

ノーマライゼーション

それらを明らかにするために、わたしたちは日本各地の重症心身障害児施設を見学した。おおかたのことはわかってきたが、世界ではどうなっているのだろう、日本でよいと思うものを計画し完成できたとしても、世界の流れを知らないままでは、新築移転と同時に過去の遺物になってしまうのではないかと気になった。そのために福祉が進んでいると考えられている国や、個人的に関係のつく施設を見てまわることにし、四年にわたって職員が外国の施設を訪問した。わたし自身も職員数名と二度渡航した。ドイツ、スイス、オランダ、デンマーク、スウェーデン、ノルウェー、フィンランド、その後はイギリスにも行った。最初はあまり見えなかったが、見学を続けているうちに大きな流れがおこっていることを実感した。

たとえば、施設内の大きな部屋を急ごしらえのベニア板で仕切ったり、生活するグループの単位を小さくしたりということであったし、小さい子はできるだけ家庭で生活ができるようにすることや、数名のグループホームをふつうの家やマンションに設置し介助者を置くという方針であった。また障害のある子を他の家族が自分の家に受け入れ、いっしょに生活するということもおこなっている。新しい施設をつくる必要があるときは、小規模にして個人の生活を守れるようにする方針であると聞いた。グループホームは五〜八人が生活する。そういういくつかのグループホームを訪れた。障害のある人がそれぞれ自分の個室や二人部屋に居住し、その個室の調度品(カーテンなど)が部屋ごとにそれぞれすべて異なるというところまで配慮されていた。

だれが介護するのかを聞くと、週日は介護者(ヘルパー)が世話をする(昼間は働きにいく障害者もいる)。土・日曜日は自分の家庭で過ごす人もあるし、家庭に戻らない人には休日専門の介護者がくる。この人たちには生みの母、育ての母(介護者)、休日の母と三人の母がいる、という説明をしてくれた。どの訪問先でも、職員が熱心に誇らしげに語ってくれたのが印象的であった。

これは、当時北欧を中心に始まっていた「ノーマライゼーション」の姿であった。ノーマライゼーションは、デンマークのN・E・バンク－ミケルセンが提唱し、一九五九年デンマークの「精神遅滞者法」として結実した。この法案の作成にあたったバンク－ミケルセンは「精神遅滞者のために可能な限りノーマルな生活条件に近い生活を創造する」という精神がノーマライゼーションの基礎であると述べている。

北欧の様子は大いなる刺激になり、ノーマライゼーションの基本的な考え方を知ることができたが、びわこ学園は生活の場であるとともに医療機関(病院)であり、この相反する二つの機能を合一することは難しい課題であった。

医療のある「ふつうの生活」

家庭は「少人数(数名)の家族で、生活の場で、安楽・安心(ゆったり、潤い、プライバシー)が主たる要素で、小さくて温かい馴染んだ生活用具」がある。それに対して医療機関は「多人数(多くは一病棟三〇～五〇人)の患者で、治療が目的で、安全性(迅速、機能性、見通し)が必要で、大きく冷たく馴染みにくい医療機器」というまったく逆の要素がある。この相反する要素を無理なく統一することが必要となった。病院建築には法律的に制限が

移転後の第一びわこ学園外観

多くあり、しかも予算は限られている。

滋賀県から二万三〇〇〇平方メートルの土地が無償貸与されることになり、建物全体は屋根に瓦を積んだ和風の外観で、人びとの気持ちに馴染みやすいようにし、平屋建ての病棟やホームの切妻造《きりづまづくり》の屋根が空を飛ぶ雁《がん》のように並んでいる宿場町風にした。

病棟は三つ。第一病棟は重度の障害があり常時医療が必要な人たちの病棟で、ナースステーションを真ん中におき、それを囲むように病室がある。全体の見通しがよく、生命を守ることを中心にし、職員が迅速に動けるようなかたちにした。それでもできるだけ家庭的な雰囲気をだすように工夫をした。

第二病棟と第三病棟は、生活面を重視した。少人数の家という発想で八人を一つの「ホーム」とし、そのホームが四つで一つの病棟となる。一つの病棟は三二名であるが、法律的な面積としては四〇名を受け入れられる広さがある。各ホームには玄関、部屋(一〜四人部屋)、トイレ、食堂、プレイルーム、倉庫がある。風呂場は各ホームにつくると面積が小さくなり、身体が伸びたままの人が使ったり、リフトバスを設置するのに無理があり、病棟に一カ所にして広い面積をとった。

第二病棟、第三病棟は「ホーム」というにふさわしい設計になったが、それに対して第一病棟は「メディカルホーム(医療のある生活の場)」と呼び、全体としてホーム制と称することにした。病棟内の床は木材を用いた。

ほかにも廊下の窓には木枠をつけ和風の雰囲気をだしたり、廊下の両側にギャラリーをつくり絵画や立体作品を展示、ライトアップもできるようにした。また外部の人も利用できる食堂にしたりして閉鎖的な施設にならないように、社会から孤立しないように考えた。

さらに外来診療を充実させ、地域で生活している障害のある人に役立つようにした。小児神経科を中心に、歯科、リハビリテーション科を準備した。現在では非常勤医師による整形外科、眼科、耳鼻科、皮膚科の診療もできるようになっている。

こうした「びわこ学園の将来構想」の内容を関係者や市民に理解してもらい、協力を得るために作成したパンフレットの表題を「ふつうの生活を社会のなかで」とした。この言葉には、将来構想の実現にあたっての「目標」である、障害があっても「ふつうの生活をしたい」「社会のなかで生活したい」という願いとともに、「障害のある人が生活している社会が「ふつうの社会」」という願いを込めている。

さて、このように構想、設計し、社会に訴えるところまで行き着いたのはよいが、建築費用を計算してもらうと一六億円とでた。しかもバブル期の真っ最中であり、試算してもらうたびに数字は上昇し、最終的には二一億円という数字になった。その後、一九八八年(昭和六三)、消費税法(税率三%)が成立し、さらに六三〇〇万円が必要になった。

3 「抱きしめてBIWAKO」から何が生まれたのか

「ありがとういのち市民サロン」

一九七九年一月に立ち上げた「将来構想委員会」には、びわこ学園の「新築移転」を応援しようという、いろんな分野で働いている人たちが集まってきてくれた。その人たちは琵琶湖汚染の問題、平和の問題、「非行」の問題、海外ボランティア、乳幼児保育など、それぞれ社会的にもとりくみをしている人が多かった。

びわこ学園の重症心身障害児の問題も、それぞれがとりくんでいる問題も「いのち」の問題であり、いのちをどう生きるかという問題である。びわこ学園の子どもたちを通して、いのちについて考えていこうと、「ありがとういのち市民サロン」という自由参加の会をつくり、月一回の話し合いの場をもった。

話し合いのなかで、びわこ学園の将来構想は関係者だけでなく、市民・県民のあいだで討議されるべきであるし、いのちが大事にされるなかで位置づけられなければならないという視点に行き着いた。

そして「ありがとういのち市民サロン」でも、資金集めの具体的な方法を討議した。その結果、序章で記述した、琵琶湖一周を人の手でつないで、集まった人に一人一〇〇〇円をもってきてもらおうという計画が生まれた。一九八七年五月六日に、「抱きしめてＢＩ

家族参加が多かった．胸に領収書を兼ねた「びわこなまず」のワッペン

ＷＡＫＯ」計画の発表記者会見をおこない、翌日の新聞に大きく報道されたために、電話での参加申し込みが相次いだ。しかし日が経つにつれ電話は途絶え、活動は沈滞していった。その後、多くの人の援助と努力で発展していくのであるが、その経過は省略する（髙谷清『はだかのいのち』大月書店、一九九七に記載）。

　この「抱きしめてＢＩＷＡＫＯ」（一九八七年一一月八日）の成功もあって、日本自転車振興会、滋賀県などからの多額の補助金も確定し、多くの民間団体や個人からも寄付をいただき、また社会福祉・医療事業団からの借入金、および旧第一びわこ学園の土地の売却代金等によって、予定の設計通りの建築資金が集まり、第一びわこ学園は一九九一年六月に、完成した新しい建物に移転することができた。

その後、さらに第二びわこ学園も多くの支援を得て、二〇〇四年三月、滋賀県野洲《やす》市内で新築移転ができた。

「福祉」の社会

それにしても、重い心身の障害があり、社会的に役立たないと思われていたであろう人たちにこころを通わせ、その日に、実際に琵琶湖畔で手をつなぐために、二一万人を超える人たちが足を運び、寄付金やメッセージを含めると二六万人もの人たちが参加したのはなぜなのだろうか。二一万人のうち、ほぼ五万人が他府県からの参加者で、北海道から九州鹿児島までにわたっていた。

私は、人間の本性ともいえる「こころを寄せる」「協力する」「分かちあう」ということが、それぞれの人のこころに湧きあがってきたのではないだろうかと感じる。自然界でもっとも弱かったと考えられるヒトが、絶滅せずに生き残り発展してきたのは、弱かったからこそ「協力」「分配」をおこない、「共感」のこころもまた生まれてきたためではなかっただろうか。

とりくみが進み、広がるにしたがって、障害児(者)について語るのがふつうになってきていた。子どもたちは学校で「抱きしめてBIWAKO」の話を聞き、家に帰ってその話をし、大人は職場で、高齢者は老人クラブで話題にした。町内会でも参加が決まるようになる。こうして多くの人が障害児(者)や福祉のことを語り、その一方で障害のある人やその家族の人が、なにげなく自然に自分たちのことを語ることができるようになっていた。

障害のある人や家族は、心身ともに緊張した毎日を送っている。それが肩肘《かたひじ》を張らず緊張せずに、気を楽にして生活できるようになってきた。障害児(者)が生活しているまちが「ふつうのまち」になってきていた。

障害のある人が住んでいるのが、「ふつうのまち」であること、社会にはその基礎に「福祉」が存在するものなのだ、その必要があるのだということが明らかになってきた。同時にどちらかというと狭い視野であった福祉の関係者の意識も広がり社会化してきた。

本来の意味での「福祉」は、すべての人のいのちが大切にされるということであり、人が自分のこころや気持ちを「ありのままに」だすことができ、人と人がこころを寄せあい、協力し分かちあうということに自然になってきた。社会の福祉化と福祉の社会化が同時に広がってきたと言えるのではないだろうか。

「しみんふくし滋賀」

「抱きしめてＢＩＷＡＫＯ」を出発点に、「福祉」の大切さに気づいた人たちが、湖南生協を中心として「福祉とは何か」を考え、具体的な姿の模索を始めた。一年後の一九八八年一一月には「生活サービス生協」準備会を立ち上げ、翌年五月には「ホームヘルプサービス」事業を開始し、一九八九年一一月「しみんふくし生活協同組合設立発起人会」と名称変更した。

そして一九九〇年八月二八日から六日間、「市民福祉国際フォーラム」を開催、滋賀県内六カ所(ミニフォーラムを加えれば一二会場)で開かれた。デンマーク(二名)、スウェーデン(一名)、アメリカ(二名)から講師を招待した。

その後、地域のお年寄りが集まっての「たべよう会」、在宅介護のスタート、北欧への視察、「しみんふくし保育の家」開園、さらに一九九一、九二年と「市民福祉国際フォーラム」をおこなっている。

この頃、「しみんふくし」推進の中心であった湖南生協理事長の細谷卓爾（「抱きしめてBIWAKO」実行委員会事務総長）は、「福祉を生協でおこなうとはどういうことか」とのルポライターの質問に次のように語っている。

「意識の問題は二つあって、一つは「人の世話になりっこないわ」という意識、二つ目は「福祉はお上のやることで、わしらのやることではない」という意識」「もちろん行政にはしっかりやってもらわねばなりませんが、福祉は相互の助け合いしかない。まず自分たちでやり始めようと、お金を出し合おう、利用し合おう、運営もし合おうと。そう考えたら何でもできる」（奥野哲士『うまれる　つながる　ひろがる』草風館、一九九二）

さまざまなとりくみをしながら、「福祉生協」の認可を申請したが、どうしても許可が得られなかった。そのため、ちょうど制定された特定非営利活動促進法（NPO法）に基づき「NPO法人設立」へ向けることにして、一九九八年一一月、「しみんふくし滋賀」設立総会をもった。

そして、翌年四月、「特定非営利法人（NPO法人）しみんふくし滋賀」として滋賀県の認証を受けスタートした。滋賀県第一号のNPO法人であった。

その後、今日までに次のような活動をおこなうようになった。ホームヘルプサービス事業、居宅介護支援事業、通所介護事業、小規模多機能型居宅介護事業、福祉用具貸与・販売事業、保育事業、給食事業(保育の家の食育、地域の高齢者等への食事の提供)、二級ヘルパー養成講座、文化事業(節句行事、七夕の節句、狂言、和紙細工、かるた会、「おやじ喫茶」等)、樹木の剪定《せんてい》、除草作業、研修会(他県への視察等)などであり、ボランティア活動もおこなっている。

国の責任や社会の在りようの問題も大きいが、市民が自ら福祉を開拓し、人がつながり、社会の在りようを変えていくことに未来の希望を感じることができる。

4 生きているのは「かわいそう」か

本書の「はじめに」で、重い心身の障害があって生きているのは「かわいそう」か、「ほんとうに、生きているのが幸せなのだろうか」という問題を提起した。本書を執筆してきた最後に、その問題に対するわたしの意見を書くところにきたように思う。

二つの問題

何度も述べたように、「重症心身障害」という状態は、まず身体的には重い障害があり、移動ができない「ねたきり」のことが多く、さらに筋緊張が高いため身体が変形し、痛みになることもある状態である。精神的には重い知的障害(精神発達遅滞)があり、周囲の状況についての認識ができないことも多い。さらに今日では、呼吸や消化という機能に強い障害があり、生きていくこと自体にも困難が生じる。

このことには次の二つの問題が含まれている。

一つは、身体的および精神的に障害が重いために機能的な不自由さが存在するということである。それに対しては、その不自由な状態を明らかにして、それを軽減するようにとりくんでいくことになる。

もう一つは、その障害の状態が、その人にどのような苦痛を与えているのか、それは身体的な苦痛もあり精神的な苦痛もあるだろうが、そのことを明らかにして、その苦痛を軽減することである。

機能的不自由については、服薬、手術、リハビリテーション、機器装具などとその発展、今後のコンピューターの開発などによって、さらに発展の目覚しいｉＰＳ細胞(人工多能性幹細胞)の応用などによって、その軽減が期待される。そしてバリアフリー拡大などの社会生活上の改善、社会的な福祉政策の向上、障害のある人に対する生活の保障によって、機能的不自由さは改善することができる。

また技術的にもすぐれ、人間的にも気持ちが通う介護(ケア)によって、障害のある人が障害の存在を忘れ、自分で自分の身体を動かしているように感じる域に達する介護の熟達とそのように発展させる社会的保障が重要である。そして、同時代に生活する人びとの「障害」や「障害のある人」に対する理解の深まりも大切である。

苦痛状態の軽減についても、身体的には今後の科学や技術の発展、医療機器・装具の開発、リハビリテーションやケアの手技の発展、医療・介護の体制が充実していくことが大事である。そうした技術的向上、社会的環境改善とともに、精神的には人間的関係が重要となる。こころを通わせる人がいること、人間関係のなかで相互に助けあえる状態にあることなどが、生きていく喜びにつながる大事な問題である。

生きているのが快適で、喜び

重い心身の障害のある人が、自らどういう状態が自分にとって良好であるかの自覚はないであろうが、ここに述べたように機能的不自由が改善され、苦痛が軽減され、技術的にも人間的にも安心した人間的関係という雰囲気や状態が存在することが、その人が生きていくのに「快適な」状態となる。本書を通じて、重い障害のある人にとって、安心できる環境での生活がどんなに大事であるかを述べてきた。経験したことのない環境は、不安、恐怖を引きおこし、体調を悪化させ、死に至らせることさえある。

苦痛がなく、安心できる環境において、「からだ」自体が自分の存在は気持ちがよいと感じているであろう。ここに、生きているもっとも基本的な喜びがあるのだろうと思う。

そのような状態にあるとき、周囲の人は、「死んだほうがましだ」とか、「生きているのはかわいそうだ」とは思わないのではないだろうか。気持ちがよい「からだ」は、「いのち」が気持ちよく存在していることであろうし、「こころ」も安心しているだろうと思う。

そして、この人たちにとりくんでいる人たちは、自分もまた気持ちよく仕事をし、生活をし、生きている喜びを感じるのではないだろうか。

「生きているのがかわいそうだ」「生きているほうがよいのであろうか」ではなく、「生きていることが快適である」「生きている喜びがある」という状態が可能であり、そのことを実現していくことが、直接かかわっている人の役割であり、そのようなことがなされうるように社会的なとりくみをおこなうことが社会の役割であり、人間社会の在りようではないかと思うのである。

あとがき

わたしは、非常勤医師として「びわこ学園」に行き、このように重い障害をもって生きている、重症心身障害児といわれる子どもたちにはじめて接してから、四五年になる。その子どもたちを知ってから一〇年後に常勤医師となった。二〇年間勤務の後、停年退職してからは非常勤医師として、今もびわこ学園で働いている。その間、子らの障害はますます重くなっていき、成人になっていった。

当初は、変化する病状に追われ、生命を守ることで精一杯であった。少しずつ医師や医療スタッフ、さらに生活支援のスタッフが増え、チームでとりくみができるようになった。そしてわたしの接し方も少しずつ内面的になっていったと思う。重い障害のある人が、からだで訴えている、からだの緊張や動きが語っていることを感じてきた。わたしも言葉でなく、手の接触や発する声や音の調子で話しかけるようになった。気持ちが通うことを実感することもある。

それは、わたしのこころに少しずつ深く、沁みていった。言葉にできない何かがわたしのこころに影響し、わたしのこころを彩ってくれた。

このたび、重症心身障害のことをまとめて記述する機会を得て、常日頃から感じてきたり、断片的に文章にしてきたことを深めて書くことができた。さらに今後検討していかなければならないことを多く感じ、そのエネルギーも得たように思う。

最後になりましたが、貴重な写真を提供していただきました島田療育センター、秋津療育園、近江学園、びわこ学園、「抱きしめてBIWAKO」実行委員会にお礼申し上げます。

新書編集部の大山美佐子さんには、全体の構成を考え、内容に関しても貴重な意見を出していただきました。また校正の増井潤一郎さんには、字句の訂正だけでなく内容や引用文章についても厳密な校正をしていただきました。お二人にはたいへん感謝しています。

二〇一一年七月

高谷　清

高谷 清

1937年生まれ．1964年京都大学医学部卒業．京都大学附属病院，大津赤十字病院，吉祥院病院小児科勤務を経て，1977～97年びわこ学園勤務．うち1984～97年第一びわこ学園園長．
現在―びわこ学園医療福祉センター医師(非常勤)，特定非営利活動法人きらら(障害者作業所他)理事長
著書―『異質の光――糸賀一雄の魂と思想』(大月書店)，『はだかのいのち――障害児のこころ，人間のこころ』(大月書店)，『こころを生きる――人間の心・発達・障害』(三学出版)，『こどもの心・おとなの眼――人間・障害・思想』(クリエイツかもがわ)，『蜂が戦い椰子も働く――南ベトナム解放 ベンチェの戦線』(文理閣) など

重い障害を生きるということ　岩波新書(新赤版)1335

2011年10月20日　第1刷発行
2024年 1 月15日　第10刷発行

著 者　高谷《たかや》 清《きよし》

発行者　坂本政謙

発行所　株式会社 岩波書店
〒101-8002 東京都千代田区一ツ橋 2-5-5
案内 03-5210-4000　営業部 03-5210-4111
https://www.iwanami.co.jp/

新書編集部 03-5210-4054
https://www.iwanami.co.jp/sin/

印刷・理想社　カバー・半七印刷　製本・中永製本

ISBN 978-4-00-431335-9　Printed in Japan

岩波新書新赤版一〇〇〇点に際して

ひとつの時代が終わったと言われて久しい。だが、その先にいかなる時代を展望するのか、私たちはその輪郭すら描きえていない。二〇世紀から持ち越した課題の多くは、未だ解決の緒を見つけることのできないままであり、二一世紀が新たに招きよせた問題も少なくない。グローバル資本主義の浸透、憎悪の連鎖、暴力の応酬——世界は混沌として深い不安の只中にある。

現代社会においては変化が常態となり、速さと新しさに絶対的な価値が与えられた。消費社会の深化と情報技術の革命は、種々の境界を無くし、人々の生活やコミュニケーションの様式を根底から変容させてきた。ライフスタイルは多様化し、一面では個人の生き方をそれぞれが選びとる時代が始まっている。同時に、新たな格差が生まれ、様々な次元での亀裂や分断が深まっている。社会や歴史に対する意識が揺らぎ、普遍的な理念に対する根本的な懐疑や、現実を変えることへの無力感がひそかに根を張りつつある。そして生きることに誰もが困難を覚える時代が到来している。

しかし、日常生活のそれぞれの場で、自由と民主主義を獲得し実践することを通じて、私たち自身がそうした閉塞を乗り超え、希望の時代の幕開けを告げてゆくことは不可能ではあるまい。そのために、いま求められていること——それは、個と個の間で開かれた対話を積み重ねながら、人間らしく生きることの条件について一人ひとりが粘り強く思考することではないか。その営みの糧となるものが、教養に外ならないと私たちは考える。歴史とは何か、よく生きるとはいかなることか、世界そして人間はどこへ向かうべきなのか——こうした根源的な問いとの格闘が、文化と知の厚みを作り出し、個人と社会を支える基盤としての教養となった。まさにそのような教養への道案内こそ、岩波新書が創刊以来、追求してきたことである。

岩波新書は、日中戦争下の一九三八年一一月に赤版として創刊された。創刊の辞は、道義の精神に則らない日本の行動を憂慮し、批判的精神と良心的行動の欠如を戒めつつ、現代人の現代的教養を刊行の目的とする、と謳っている。以後、青版、黄版、新赤版と装いを改めながら、合計二五〇〇点余りを世に問うてきた。そして、いままた新赤版が一〇〇〇点を迎えたのを機に、人間の理性と良心への信頼を再確認し、それに裏打ちされた文化を培っていく決意を込めて、新しい装丁のもとに再出発したいと思う。一冊一冊から吹き出す新風が一人でも多くの読者の許に届くこと、そして希望ある時代への想像力を豊かにかき立てることを切に願う。

（二〇〇六年四月）